독서의 기록

독서의 기록

내 인생을 바꾸는 작은 기적

퍼블리온
Publion

책은 꿈꾸는 것을 가르쳐주는 진짜 선생이다.

. . .

가스통 바슐라르

도서 블로그 1년 만에
인생이 변했다

"워킹맘이 어떻게 책을 하루에 1권 읽고 매일 블로그 포스팅을 할 수 있는지 궁금해요."

"블로그 수익화는 어느 정도 되고, 어떤 방법으로 시도했나요?"

"도서 리뷰를 쉽게 작성하는 방법이 있나요?"

"블로그 초보라 어떤 부분을 신경 써야 할지 모르겠어요."

"도서 인플루언서의 조건은 무엇인가요?"

도서 블로그를 시작한 후 나의 블로그에 방문하는 블로그 이웃들의 질문이다. 이런 질문은 블로그를 시작하기 전에 내가 궁금해하는 부분이기도 했다. 꾸준히 하루 1권 책을 읽고, 블로그에 도서 리뷰를 남기는 원동력은 무엇일까? 나는 도서 블로그를 어떻게 시작하게 되었을까? 블로그로 수익화가 시작된 시점은 언제부터였을까?

이런 질문에 스스로 답하다 보니, 도서 블로그 운영 방법과 독서와 블로그 글쓰기를 통한 변화를 알려 사람들에게 도움이 되고 싶다는 생각이 들었다. 하루 2시간 이상씩 독서와 블로그 글쓰기를 지속했더니 무엇이든 시작할 힘이 생긴 과정을 공유하고 싶었다.

계속하다 보면 시작할 힘이 생긴다. 독서와 기록을 모두 거창하게 시작하려고 하지 말고, 가벼운 마음으로 계속하라는 메시지를 전달해주고 싶다. 우리나라에 독서인구가 많이 줄고 있다고 해도 여전히 독서로 자기계발을 하고자 하는 사람은 많다. 온라인상에서 소통이 늘어난 요즘 시대에 SNS를 제대로 하는 사람도 늘어났다.

독서와 블로그 글쓰기를 한다고 무조건 인생이 변하지는 않지만, 꿈을 설계하고 하나씩 이루어지는 과정을 돕는 도구임은 확실하다.

독서와 블로그를 만나기 전, 나는 잘 살고 싶다는 막연한 꿈만 갖고 있었다. 어떻게 노력해야 할지, 무엇을 시작해야 할지 알지 못했다. 무얼 시작하면 지속하지도 않았다.

"그랜저 사주를 가지고 티코 노력밖에 안 하네요."

20대 중반, 서울의 어느 사주카페에서 들은 말이다. 사랑하는 사람과 이별로 힘들었던 시기였다. 나의 운명과 사랑이 앞으로 어떻게 흘러갈지 궁금해 찾았던 곳에서 뜻밖의 말을 들었다. 20년이 지났지만 지금도 다른 이야기는 생각나지 않고, "티코의 노력만 한다."라는 문장만이 계속 나를 따라다녔다. 도대체 티코만큼의 노력은 무엇을 의미할까? 독서를 하면서 깨달았다. 시작한 일을 지속하지 않고 노력을 하지 않는다는 의미가 아니었을까?

항상 바빴고 열심히 살았다. 하고 싶은 것이 많아서 다양한 시작을 했지만, 마무리는 하지 못했다. 유화, 민화, 타로, 탱고 등 여러 개의 취미에 도전했고, 20년 직장 노예의 삶을 벗어나고 싶어서 떡케이크, 영어독서지도사 자격증도 땄다.

어린 시절부터 소설만 좋아했지, 독서로 내 삶을 변화시킬 수 있다는 생각은 하지 않았다. 독서로 삶이 변할 수 있다는 말을 많이 들었지만 나와는 관련 없는 일이라고 생각했다. 더

욱이 글쓰기는 즐거움이 아니라 고행이라 여겼다. 하지만 간절한 마음을 알아채고 진가를 드러낸 책들은 인생이 변하는 길로 안내해주었다. 변화를 절실히 원했기 때문일까? 나에게 필요한 책은 알아서 나타났고, 나는 그 기회를 붙잡았다.

과도한 출장 업무로 인한 번아웃, 어린아이를 두고 장기 출장을 다녔다는 죄책감, 앞으로 얼마 남지 않은 은퇴, 모아둔 재산이 없는 우울한 노후를 걱정만 했다. 더욱이 온 지구촌을 덮쳐와 공포에 질리게 만든 코로나19는 미래에 대한 불확실성을 더욱더 커지게 만들었다. 알 수 없는 미래에 불안한 나날을 보내던 어느 날, 변화를 하고 싶은 마음이 조금씩 찾아왔다. 아마도 갑작스럽게 시동이 걸렸다면 금세 지쳐서 그만뒀을지도 모른다. 우연히 참석한 3시간의 책 쓰기 강의는 작은 터닝 포인트이자, 내 삶을 변화시키는 나비효과를 일으켰다. 그 후로 독서는 가장 큰 변화의 불씨를 제공했고, 블로그 글쓰기가 불을 붙여주었다.

2년 반 동안 약 850권 이상의 책을 읽었고, 800권 이상의 도서 리뷰가 쌓였다. 작은 성공들이 모여서 다양한 변화가 일어났다.

2년 반 동안 독서와 기록만 한 것은 아니었다. 독서를 하면서 지금까지의 내 삶을 점검하고 꿈 지도를 그린 후 꿈의 키를 정기적으로 재는 시간을 갖기도 했다. 상담도 몇 차례 받았고, 글쓰기 수업도 들으면서 내외적으로 성장했다. 하지만 변화와 성장의 중심에는 독서의 기록이 있었다.

외적으로는 온라인상에 '네이버 도서 인플루언서'라는 명함이 생겼다. 도서 블로그를 시작한 지 5개월 만에 인플루언서가 된 건 작은 성공들이 이루어낸 조금은 큰 성과였다. 네이버 블로그 포스팅 원고 의뢰를 받기도 하고, 도서 리뷰 의뢰도 잦다. '인생이 변하는 도서 블로그'라는 주제로 강의 의뢰를 받아 2년간의 독서와 블로그 글쓰기 여정을 공유하기도 했다.

내적으로는 삶을 전체적으로 살펴볼 수 있는 계기가 되었다. 삐걱대던 남편과의 결혼생활은 독서, 글쓰기, 블로그를 통해 나를 되돌아볼 힘이 생기면서 회복되었다. '지금 여기'라는 중요한 가치를 깨달은 건 독서를 하면서 얻은 제일 큰 소득이다. 그 여정으로 현재, 휴직 후 제주에서 아들과, 최인철 작가가 《아주 보통의 행복》에서 말한 행복 천재 이웃들과 아주 즐겁게 지내고 있다.

독서하고, 기록하려고 할 때 어디에, 어떻게 기록할지부터 막막했다. 그럴 때 한 발짝 앞선 사람이 나를 이끌었더라면 많이 돌아가지 않고 금방 시작할 수 있지 않았을까 생각했다. 이제는 독자들에게 내가 그런 사람이 되려 한다. 독서에 조금이라도 가까이 다가가고, 글쓰기와 블로그가 일상이 되어 작은 성공을 쌓을 수 있는 길잡이가 되면 좋겠다.

Part 3 도서 인플루언서 되는
독서 술법

Part 4 도서 인플루언서 되는
글쓰기 술법

도서 인플루언서 되는
블로그 운영 술법

Part 5

또 다른 꿈유를 위한
꿈유 레시피

Part 6

대기업 부장이라는 타이틀은 회사를 나오는 순간 사라진다.
20년간 일해온 '직장'이라는 타이틀이 사라진다면
커리어를 쌓아온 나 또한 사라진다고 생각했다.
모든 게 막막해졌다.

Part 1

흔들리는 인생,
좌충우돌
시간을 갖다

내가 가진 **타이틀**

진짜 나인가?

"삼성 부장이라는 타이틀이 너희들의 정체성은 아니야."

'나를 찾는 글쓰기' 첫 수업에서 《엄마의 20년》을 쓴 오소희 작가가 수강생들에게 한 말이다. 순간 나를 저격해서 하는 말인가 싶었다. 하지만 그녀는 우리들의 직업을 모른다. 놀랍게도, 대기업 부장은 직장에서 현재 나의 타이틀이다. 덧붙여서 한 아이의 엄마, 한 남자의 아내, 친정에서는 장녀라는 타이틀이 있다. 오소희 작가의 질문을 통해 당연하게만 느껴 왔던 내 삶에 작은 파문이 일었다. 이 중에 진정한 내가 과연 있기나 한 걸까?

　나는 대기업 부장이다. 11년 전 경력 입사를 하고, 두 번의 빠른 승진 후 부장이라는 위치까지 왔다. 그러나 승진의 기쁨은 잠시뿐, 마음은 직장 업무에 대한 설렘으로 채워지지 않았다. 물론 20년 동안의 직장생활이 모두 헛되다고 생각하지는 않았다. 처음에는 자아를 실현하고 직장에서 인정받고 싶었다. 회사에서뿐 아니라 집에 가서 잠들기 전까지 일을 생각할 정도로 회사에 충성하는 직장인이었다. 단순히 돈을 벌고, 밥벌이를 위해 억지로 일하는 직장생활을 하지는 않았다. 직장에서의 성취가 나를 규정해준다고 생각했다. 열정적으로 일했기에, 노력한 만큼 보상을 받지 못하면 속상하기도 했다. 하지만 이 직장을 잃는다면? 가족 안에서 형성된 타이틀은 평생 사라지지 않지만, 대기업 부장이라는 타이틀은 회사를 나오는 순간 사라진다. 20년간 일해온 '직장'이라는 타이틀이 사라진다면 커리어를 쌓아온 나 또한 사라진다고 생각했다. 모든 게 막막해졌다.

　친정에서는 딸 둘 중에서 장녀였다. 항상 돈에 쫓기며 살아온 부모님은 자주 다투셨고, 나는 장녀라는 책임감으로 경제적으로 독립해도 부모님을 챙겨야 한다고 생각했다. 아버지의 사업은 항상 삐걱거렸고, 엄마는 악착같이 모은 돈을 아버지 빚을 막는 데 소진하셨다. 직장에서 모은 얼마 되지 않은 돈을 아버지 사업 빚을 막는 데 드리고, 말레이시아 페낭으로 취업해서 혼자 한국을 떠났다. 하지만 아버지의 두 번째 부도로 부모님은 갈 곳이 없어질 위기에 처했다. 저당 잡힌 집은 은행에 넘어가기 직전에 헐값에 팔렸고, 여동생을 포함한 가족은 나를 따라 말레이시아 페낭으로 이주했다. 가족을 떠나온 말레이시아였지만, 이곳에서도 결국 가족을 돌봐야 한다는 부담감이 계속되었다. 한국에 돌아와 결혼한 후에도 장녀로서의 무게는 그대로였다.

가장 열정적으로 일한다는 과장 시절, 대기업 경력 입사와 동시에 지금의 남편과 결혼했다. 맞벌이를 당연하다고 여기면서도, 집안일은 여자가 해야 한다고 생각하는 보수적인 대구 출신 장남이었다.

"나는 결혼해서도 빨래하고 청소하게 될 줄 몰랐어. 나의 이상형은 현모양처였거든." 뜬금없는 남편의 말에 "나의 이상형은 초콜릿 복근에 키가 180센티인 남자였는데!"라고 맞받아쳤다. 순간적으로 말한 농담이었지만 남편은 진담이었다. 나는 서른여섯, 남편은 마흔이었다. 늦은 결혼이었고, 남편과 나,

둘 다 자아가 강한 사람들이었다. 그는 내가 생각했던 따뜻한 사람이 아니었다. 우리는 결혼식 날부터 삐걱거렸다. 한 달에도 몇 번씩 심하게 싸우고 극적인 화해도 하지 않고 아무 일도 없었다는 듯이 지내는 일이 반복되었다. 아내라는 타이틀을 버리고 싶어 자주 이혼을 결심했다.

그렇게 싸우면서도, 늦은 나이니 아이가 있어야 한다고 생각했고, 난임 병원의 도움을 받아 결혼 3년 만에 어렵게 아이를 낳았다. 아이를 낳고 나에게 엄마라는 타이틀이 하나 추가되었다.

아이가 생기기 전까지는 해외 출장이 잦았다. 1년에 200일 이상이 해외 출장이었다. 아이를 낳고 주요 업무 중 하나였던 해외 출장을 갈 수 없게 되자, 마음이 힘들어졌다. 엄마가 행복해야지 아이도 행복할 수 있다고 생각했고, 내가 행복할 수 있는 길은 회사에서 경력을 계속 쌓는 일이라고 여겼다. 아이를 낳고 얼마 안 되어 하루빨리 회사 업무에 복귀하고 싶었다. 1년 휴직 계획보다 이르게 8개월 만에 복직해서 바로 네덜란드 장기 출장 프로젝트를 맡았다. 친정엄마가 아이를 맡아주겠다고 하셨다. 네덜란드 출장을 함께 간 남자 동료가 "네가 지금 뭐가 중요한지 모르는구나. 당장 한국으로 돌아가."

라고 말했다. 다른 남자 동료는 "내 와이프였다면 출장 가는 일을 그만두라고 했을 거야, 절대 못 보내."라며 대놓고 빈정거렸다.

　　그 말들이 계속 귓속에 맴돌았다. '지금 나에게 무엇이 가장 중요할까?' 계속해서 고민했다. 엄마라는 이유로 경력을 중간에 포기한다면 언젠간 후회할 거라고 마음을 다독였다. 네덜란드 프로젝트를 성공적으로 마무리했지만, 즐겁지 않았다. 나 또한 남자 동료들이 하는 말에서 자유로울 수 없었기 때문이다. 아이가 어렸을 때 엄마로서 해야 할 일을 놓치고 있다는 생각이 들었다. 온전히 아이만을 돌보고 싶은 마음과 출장을 다니면서 커리어를 멋지게 쌓고 싶다는 두 개의 마음이 계속 따라다녔다. 무엇이 옳은지 답은 나오지 않았다. 한 가지 확실한 건, 어떤 선택을 하든 가지 않은 길에 대해 후회를 한다는 것이었다.

　　삶의 모든 게 부대꼈다. 눈만 뜨면 이혼을 결심하는 아내라는 자리도 힘들었고, 아이가 잘 자랐으면 좋겠는데 어떻게 해야 할지 모르는 엄마로서의 자리도 버거웠으며, 장녀라는 책임감도 내려놓고 싶었고, 직장에서는 직책이 높아질수록 스트레스 지수도 높아지고 관계도 매끄럽지 못했다. 겨우겨우 매달려 있는 타이틀을 끌어안고 그것들을 지켜내기 위해 매 순간 바빴다. 타이틀이라는 이름의 저글링 공 하나를 떨어뜨리는 순간, 모든 것이 무너져버릴 것 같아 한시도 쉴 수 없었다.

　40대가 되자, 번아웃이 찾아왔다. 번아웃의 실체는 불안정한 미래에 대한 불안감이었다. 특히 직장에서의 타이틀은 내가 가장 먼저 놓아야만 하는 저글링 공이었다. 대기업 직원이라는 타이틀이 내 손에서 떨어질 날이 곧 불안정한 미래였고, 이에 대비해야 했다. 나는 안주하기도, 뒷걸음치기도 싫었다. 그때부터 넥스트 직업을 찾기 위한 무차별적인 배움의 시간이 시작되었다.

넥스트 직업 찾아 삼만 리

직장은 믿을 곳이 못 되니까

욕심이 많은 나는 세상의 모든 직업을 질투했다.

무엇을 잘하고 좋아하는지 생각하기보다 남의 시선으로 좋아 보이는 일이 내가 좋아하는 일이라고 여겼다. 대학교 때는 관광, 호텔 경영 쪽에서 일하고 싶었다. 이에 대해 알아보던 중 한국의 사설 어학원과 연계된 미국의 호텔 인턴십 프로그램이 유행이라는 걸 알게 되었다. 잘 알아보지도 않고 덜컥 등록해 2개월 동안 영어 수업을 받았으나, 미국 비자를 받지 못해 좌절되었다. 국제회의지도사 자격증이 유행했던 시절에는 국제회의지도사 자격증 과정을 수료했으나, 박봉이라는 말에 해당 직업에 관한 관심이 한순간에 사라졌다.

좋아하는 일을 찾기보다 트렌드에 따라서 움직였고, 이 것저것 좋아 보이면 시도만 하고 지속하지 못했다. 마음만 급했다. 성공한 사람들 이면에는 열정과 끈기의 시간이 모여 있다는 진리 따위에 관심이 없었다. 아니, 관심이 없었다기보다 방법을 몰랐다. 시도만으로도 이미 성공했다고 생각했으나, 내가 질투한 세상의 모든 직업은 결코 호락호락하지 않았다.

대기업에 경력 입사하고는 10년간 열정적으로 직장생활에만 몰두했다. 가끔 위기가 있었지만, 마음을 다잡고 성실하게 업무에 임했다. 힘든 업무 가운데서 해외 출장은 나에게 한줄기 빛과 같았다. 실무의 현장에서 해외 직원들을 교육시키며 이슈를 해결하는 일이었다. 육체적으로 힘들고 문제를 해결해야 한다는 정신적인 스트레스도 있었지만, 나는 현장에서 일하며 보람을 느끼는 사람이었다. 하지만 코로나19가 시작되면서 해외 출장 업무가 마비되자, 본사에서 앉아서 하는 일이 재미가 없어졌다. 자연스레 직장 상사와의 관계도 어긋나기 시작했다.

점점 직장생활에 회의감이 들고, 직장에서 더 잘할 수 없다는 생각이 들었다. 직장에서 인정받고 있다고 생각했는데,

하던 일 또한 부서의 관심 밖으로 밀려났다. 과거에는 주도적으로 업무를 해왔는데 이때부터 시키는 일만 꾸역꾸역했다. 그러자 자존감이 떨어지기 시작하면서 미래에 대한 막연한 불안감이 더 심해졌다. 현재는 월급 받는 직장 노예로 살고 있지만, 직장을 그만두면 당장 생계를 걱정해야 했다. 자발적 퇴사가 아닌, 속된 말로 잘릴 수도 있었다. 매도 먼저 맞는 게 낫다고, 직장에서 쫓겨나기 전에 먼저 준비해서 스스로 직장 노예 탈출을 해야겠다는 고민을 하기 시작했다. 가장 중요한 것은 경제적 자유의 달성이었다. 무엇을 좋아하는지 몰랐지만, 과도한 열정은 있었다. 직장은 믿을 곳이 못 되니까 넥스트 직업을 찾아야만 했다. 지금까지 시도한 도전을 떠올렸다.

아이를 낳고 얼마 되지 않아 앙금떡케이크 자격증 과정에 등록한 적이 있었다. 그 당시 앙금떡케이크를 만들어서 맘카페에 올리고 파는 것이 유행이었다. 나는 트렌드에 민감한 사람답게 유행을 따라 앙금떡케이크를 배우기로 마음먹었다. 자격증만 있으면 여기저기 떡케이크를 팔 수 있다고 앞서 생각했다. 약 200만 원을 일시금으로 내고 수업에 임할 때만 해도 내가 만든 떡케이크가 팔려나가는 상상을 하며 희망에 부풀었다. 하지만 그 희망은 첫 번째 수업 시간에 처참히 무너졌다.

강사의 가르침은 무성의하기 그지없었다. 나는 실망하여 환급을 요청했으나, 단칼에 거절당했다. 울며 겨자 먹기로 8회의 수업을 마친 후 자격증을 받았다. 수업 중에 만들어지는 케이크는 강사의 손으로 멋지게 마무리된 것들이었지 내 힘으로 처음부터 끝까지 완성된 작품은 없었다. 어설픈 솜씨로 친척들과 시아버님 생신에 떡케이크를 만들어갔는데 모두 좋아하셨다. 하지만 떡케이크를 매일 만들어서 먹을 수는 없는 노릇이었다. 만들어서 팔아야 했는데, 판로를 알아볼 방법도 몰랐고, 무엇보다 실력도, 노력하고 싶은 마음도 없었다. 내가 만든 떡케이크를 남편이 응원해주지 않았기 때문이라고 애꿎은 핑계만 댔다. 복직과 동시에 잦은 장기 출장으로 떡케이크 재료는 부엌 한구석에 처박혀 몇 년간 애물단지가 되다가 버려졌다.

결혼 후 용돈을 벌려고 온라인 쇼핑몰을 작게 시작했다가 뛰어난 감각과 수완으로 사업을 크게 키운 친구가 있다. 친구에게 사업을 함께하자고 농담처럼 자주 이야기해왔다. 친구는 베트남 여행을 다녀온 후 아이디어를 얻었다며 함께 사업을 하자고 연락해왔다. 사업을 한다고 생각하니 갑자기 심장이 두근거렸다. 그 당시 부서장과 맞지 않아 힘든 시간을 보내고 있었다. 같은 업무를 담당하는 싱글들이나 가정이 있는 남자 직원들은 오전 10시 넘어 출근해서 저녁 8시 정도까지 업무가 가능했다. 하지만 나는 아침 7시 30분 이전에 출근해 동일한 시간의 업무를 하는데도 5시 30분 정시에 퇴근하는, 일을 적당히 하는 사람이 되었다. 부서장은 밤늦게까지 일하는 싱글들과 나를 비교하는 말을 자주 하였고, 담당하는 업무는 괴롭도록 재미없었다. 《피로사회》에서는 성과 사회에서 우울증 환자와 낙오자를 생산한다고 했다. 성과 중심의 피로사회에서 낙오자가 된 기분이었고, 실제로 우울감이 계속되는 하루하루를 보냈다. 다른 직장 동료로부터 부서장이 나의 험담을 했다는 이야기를 듣고, 매일 아침에 눈을 뜨고 회사를 가야 한다는 사실이 너무 괴로웠다. 물불 가리지 않고 열심히 일하던 나는 더는 없었다. 주변 상황을 원망하고, 열심히 해봤자 비교만 당하고, 고과를 주지 않으려고 나에게 업무를 주지 않는 부서장을 원망하는 나만 남았다. 처음으로 회사를 그만두고 싶다는 구체적인 생각을 하기 시작했다.

친구가 제안한 건 커피 사업이었다. 시장조사를 위해 회사에 휴가를 내고 친구와 함께 베트남에 갔다. 베트남에 가기 전에 만나야 할 커피 농장 소유주와 기업들에 이메일을 보내서 미팅을 잡았다. 첫 직장에서 해외 영업할 때 해봤던 일이라 어렵지 않았다. 친구의 사업 아이디어를 듣고 여러 업체와 미팅을 할수록 확신이 사라졌다. 아이템은 매력적이고 친구의 아이디어 또한 좋았지만, 지금 다니는 회사를 그만두고 제로에서 뛰어들 용기가 생기지 않았다. 남편 몰래 모아둔 돈을 다 탕진하고 망할 것 같다는 상상을 했다. 사업을 시작할 수 있다는 설렘보다 잃게 될 것들을 염려했다. 무엇보다 친구와 잦은 의견 충돌이 있었다. 베트남 시장조사 마지막 날, 동행했던 여동생이 나와 친구를 며칠 동안 관찰하더니 그냥 친구로만 남는 것이 좋겠다고 조언했다. 친한 사람과 동업하면 안 된다는 의미였다. 시장조사를 마치고 한국으로 돌아와 며칠 생각한 후 친구에게 거절의 뜻을 밝혔다. 첫 사업 시도는 이렇게 시작도 하지 못하고 끝이 났다.

아이가 세 살이 되자, 남들은 다 한다는 영어교육에 관심이 생겼다. 아이에게 책만 열심히 읽어주어도 충분했겠지만, 나는 '영어독서지도사' 자격증을 따서 수익을 창출하고 싶었다. 2개월 동안 매주 토요일마다 오전 일찍 강남 YBM 어학원에 가서 하루 4시간짜리 수업을 들었고, 한 번에 필기와 실기에 통과했다. 자격증으로 동네 영어 공부방을 열어볼 생각도

했으나, 영어를 뛰어나게 잘하는 것도 아니고, 영어 수업을 위한 준비 과정은 생각만 해도 막막했다. 직장을 다니면서 영어 공부방을 운영하는 건 엄두도 안 났다. 일단 아이에게 양질의 영어 그림책을 잘 읽어줄 수 있겠다는 생각으로 위안 삼았다. 하지만 잦은 해외 출장으로 아이에게 그림책 읽어줄 시간조차 없었다. 결국 영어독서지도사 자격증을 준비하는 과정에서 무엇을 배웠는지조차 잊었고, 그렇게 영어독서지도사 자격증은 내 인생에서 사라졌다.

잦은 실패에도 불구하고 나는 쉽게 좌절하지 않았다. 넥스트 직업을 갖기 위한 좌충우돌 과정이 나를 찾는 방법인 줄 알았기 때문이다. 도전은 습관에 가까웠다. 쉽게 도전할 수 있는 선까지만 실행하고 정작 그 이후에 해당 분야로 쌓아야 할 노력은 하지 않았다. 이 직업, 저 직업 기웃거리는 습관이 번아웃을 대하는 잘못된 방향이라는 건 독서를 시작하고서야 알게 되었다.

돈이 돈을 번다는 재테크

하면 될 줄 알았는데

●

　　여러 가지 직업을 시도했지만 지속한 적도, 성공한 적도 없다. 부업을 통해 수익을 낼 수 있다는 사실도 알지 못했다. 주식은 특별한 기술 없이도 돈을 벌 수 있는 파이프라인이라고 착각했다. 물론 주식투자를 시작하기 전, 주식에 대한 편견과 망설임은 있었다. 외할아버지께서는 주식으로 쫄딱 망한 후 집안에서 공공의 적이 되셨다. 작은외삼촌은 1980년대 말 증권회사에 취업해 승승장구하다가 깡통계좌를 차고 퇴사하셨다. 이런 우리 집안에서 주식투자는 금기 사항이었다. 그런데 어느 날부터 주변 직장 동료들의 주식투자 성공 사례가 들

려오기 시작했다. 직장인이 노동을 최소화해서 돈을 벌 수 있
는 쉬운 방법은 주식이라는 생각이 점점 확고해졌다. 몇 년 전
에 만들어놓기만 했던 주식 계좌를 열어서 주식투자를 시작
했다. 그랬더니 주식 추천 리딩방이 눈에 들어왔다. 주식 종
목을 추천해주고, 해당 종목을 매수, 매도하게 하는 회사들이
었다. 결혼 전 모아둔, 남편이 모르는 돈 5000만 원 중 200만
원으로 주식투자를 시작했다. 주식 추천 리딩방은 처음에는
무료로 정보를 제공해주더니 며칠이 지나자 유료 회원으로 가
입을 유도했다. 짧게 고민한 후 덜컥 주식 추천 리딩방에 연
500만 원을 내고 가입했다. 할부로 하면 한 달에 41만 원가량
이었다. 한 달에 50만 원만 주식으로 벌어도 회비보다 더 벌
수 있다는 계산이 나왔다. 그때부터 나의 '묻지 마, 주식투자'
는 시작되었다.

"제가 다른 주식 추천 방에서 소개받은 종목들과 테마
주를 샀는데 수익이 마이너스예요. 마이너스를 만회할 수 있
을까요?"

"한국전력, 파라다이스 매도하시고요. 남북경협 테마주
도 매도해주세요. 그리고 E사의 주식을 20퍼센트 매수해주
세요."

"네, 그렇게 하겠습니다. 그러면 지금 마이너스 난 금액
이 복구될까요?"

"E사는 조만간 꼭 오를 예정입니다."

　　주식 리딩방 주식 종목 컨설턴트라는 사람은 E기업의
주가가 왜 오를 예정인지 정확하게 말해주지 않았다. 무엇에
홀렸을까? 한 번도 만나본 적 없는 주식 리딩 컨설턴트의 말
에 묻지도 따지지도 않고 시키는 대로 했다. E라는 기업이 어
떤 기업이고, 무엇을 팔며, 재무제표 상태가 어떤지, 어떻게 보
는지도 몰랐고, 하물며 궁금해하지도 않았다. 단타, 스윙, 장기
보유, 매출, 순이익, PER 등 처음 들어보는 주식 용어가 어려웠
지만, 새로운 분야라 재미있기도 했다. 주식에 발을 담근 것만
으로도 주식에 대해 잘 알고 있다고 착각했고, 주식의 세계에
들어가 있다는 사실만으로도 안도했다. 그 무렵 둘째를 가지
기 위해 난임 휴직을 냈다. 시술을 했다는 것만 증명하면 무급
으로 1년까지 휴직이 가능한 회사 복지 정책이었다. 한 번에
100만 원이 넘는 난임 시술 비용, 전세금 대출 반환, 각종 고
정비가 걱정이었다. 그래서 더 열심히 주식매매에 매달렸다.

　　답은 이미 정해져 있었다. 주식 재테크는 당연히 실패다.

주식 리딩방은 수익을 절대 보장해주지 않는다. 전문가들이라고 해도 주식의 흐름은 절대 예측할 수 없다. 실은 전문가인지 아닌지도 알 수 없다. 회원비 결제가 완료된 상태에서는 더욱 따로 관리하거나 신경 써주지 않는다. 환불을 요청하면 거의 돌려받을 수 없고, 오히려 돈을 더 내야 한다고 한다. 시간이 흐르며 주식 리딩방에서 타올랐던 열정은 사라졌고, 그 이후에는 메시지를 아예 보지 않았다. 혼자서 당시의 감정과 느낌으로 사고파는 뇌동매매를 반복했다. 하지만 이 방법도 결코 성공할 수 없었다. 분식회계 이슈가 있는지도 모르고 목돈을 들여 하락 때마다 매수했는데, 그 기업의 주가는 바닥을 모르고 계속 하락했다. 주식 리딩방에서 전망 있다고 알려준 화장품회사는 유상증자를 밥 먹듯이 하는 기업이라는 것을 나중에 알았다. 결국에는 비자발적 장기투자자가 되었다. 주식을 팔지 않으면 잃은 것도, 수익이 난 것도 아니라는 말에 버티기에 들어갔다. 몇 년을 버텼지만 좋은 기업을 고른 것이 아니므로 주가는 계속 곤두박질쳤고, 한 푼이라도 건지려고 80퍼센트 이상의 손해를 보고 매도했다. 돈이 돈을 번다는 재테크는 하면 될 줄 알았는데, 쫄딱 망하고 말았다.

시작부터 잘못된 단추였다. 이를 깨닫게 해준 건 다름

아닌 독서였다. 두 번째 휴직에서도 은퇴를 생각하며 돈을 벌수 있는 무엇인가를 찾았지만 실패했고, 매달 월급을 주는 회사로 다시 돌아가야 했다. 고정비와 늘어나는 적자 생활을 메꾸려고 얼른 복직을 하고, 출장 업무를 1년간 열심히 수행하면서 미래를 위한 고민은 또다시 접어두었다. '앞으로 어떤 일을 은퇴 후에 해야 할까?'라는 고민의 코끼리를 옆에 두고, 못본 척했기에 코로나19와 함께 직장 내 무기력과 '앞으로 인생을 어떻게 살아야 하나?'라는 고민이 다시 시작되었다. 이번에는 앞으로 무엇을 하며 살아야 할지 본격적으로 고민하고 실행하고 싶었다. 그때 독서를 시작하면서 일확천금을 바라는 투자 마인드 자체가 문제라는 것을 깨달았다. 경제서, 경영서, 주식책, 부동산책을 여러 권 읽은 후에야 알았다. 처음 읽었던 경제서인 이명로 작가의 《돈의 감각》에서는 왜 노력한 만큼 부자가 되지 않고 점점 빚만 늘어가는지 질문한다. 바로 내가 궁금한 점이었다. 이유는 바로 돈을 주제로 공부하지 않았기 때문이다.

먹고사는 문제가 먼저 해결되어야 하고, 이를 위해서는 돈이 있어야 하는데, 돈에 대한 걱정이 아니라 돈에 대한 문제를 알아야 돈에 대한 실수 또한 예방할 수 있다는 것이다. 재테크에 대한 건전한 투자 마인드가 세팅되지 않은 상태에서 시작하는 재테크가 얼마나 위험한지 알게 되면서 돈 공부를 제대로 하기 시작했다. 소중히 벌어서 모은 돈을 '묻지 마, 투자'를 해서 망했고, 수업료도 톡톡히 치렀다. 경제적 자유를 얻으려고 여러 가지를 시도했지만, 탄탄한 기초가 마련되지 않는다면 뒷걸음질하는 것과 같다는 걸 깨달았다. 그 이후에 탄탄한 재테크 기초와 단단한 투자 마인드를 독서를 통해서 쌓을 수 있었다. 대기업의 관리 부서에서 오랫동안 근무하셨던 친척 어른께 부탁해서 회계 기초 수업도 받았다.

이후로 과감한 투자를 하지는 못하지만, 매달 적립식으로 지수를 추종하는 ETF를 개인연금과 퇴직연금에 넣고 있다. 코로나19로 인해 쌓였던 버블이 걷히고 있어 지금의 주식 시장은 암울하다. 하지만 뇌동매매할 때 실시간으로 주가를 들여다보며 불안해하는 대신 우량주 중심으로 조금씩 추가로 매수한다. 아이 앞으로도 주식 계좌를 하나 만들었다. 아이가 태어날 때부터 받은 용돈을 꾸준히 넣어 한국과 미국의 우량주를 매수하고 있다. 아이가 초등학교 고학년이 되면 경제공부를 함께하며 주식으로 투자한 회사를 꾸준히 모니터링할 예정이다. 아이가 성인이 되었을 때, 경제적인 어려움으로 돈의 노예가 되지 않고 경험을 사는 사람이 되길 바라는 마음에서다. 청소년 시기부터 본인이 하고 싶은 일을 찾고 미래를 건설하기 위해 장기투자를 하는 건실한 재테크 방법을 전수해주려 한다. 그러려면 부모가 먼저 돈 공부를 해야 한다고 생각한다.

요동치는 주식시장에도 크게 불안해하지 않고 마음을 잡을 수 있게 나를 변모시킨 건 바로 '독서의 힘'이다.

관계의 번아웃

나 빼고 다 이상해

•

"언니는 C 그룹장도 이상하다고 하지 않았어?"

"저는 그룹장님 좋던데, 수석님은 저번에도 P 그룹장님 별로라고 하지 않았어요?"

"왜 언니 주변에는 그런 이상한 사람들이 많은 거지?"

"남편 정말 특이하고 이상하다."

언젠가부터 직장 동료들과 여동생이 나에게 해주는 말이 비슷해지기 시작했다. 어디서나 직장 상사, 같이 일하는 동료, 남편에 대해 험담하는 생활을 했다. 싱글인 직장 후배들과 나를 비교하는 상사도 이상했고, 점심 때쯤 출근해서 잠시 근무하다가 저녁때 술을 마시고 들어와서 일하는 직장 동료도, 열심히 일하지 않는 출장지의 현지 직원들도, 부장 발탁 추천서에 '업무 협조가 잘 안 되는 것이 단점'이라고 적은 전 부서장도 이상했다. 무엇보다 그 말을 나에게 옮긴 직장 동료를 이해할 수 없었다.

결혼 후 나는 정말 이상한 사람과 결혼했다고 생각했다. 그는 공감 능력도 없었고, 집안일도 잘하지 않으면서 잔소리만 늘어놓았다. 아이를 낳고 맞벌이를 하는데도 아이분의 몫은 대부분 나의 일이었다. 술을 마시는 것도 아니고, 특별한 취미도 없이 혼자 다른 방에 들어가 영화만 보고 밤늦게 게임만 하는 사람이었다.

아이 앞에서 싸우면 안 된다는 것을 알았지만, 어느 날 참고 참다가 터지고 말았다.

"아이는 혼자 키우는 거야? 당신은 왜 아무것도 하지 않아? 게임 좀 그만하라고! 아이랑 좀 놀아주라고!"

발악했다. 행복하지 않았다. 정말 나 빼고 다 이상했다.

그즈음 독서를 하면서 내가 보이기 시작했다. 나만 빼고

다 이상하다면, 어쩌면 내가 이상한 것이 아닐까? 문득 그런 생각이 들던 중에 문요한 박사의 《오티움》을 읽었다. 나는 당시 경제적 자유에 대한 독서를 주로 했다. 당연하게 《오티움》 역시 N잡에 대한 내용인 줄 알았다. 그런데 그 책은 '자신을 재창조하는 능동적 휴식'에 대한 이야기였다.

직장에서 전문성도 딱히 없이 시키는 일만 하거나, 직장 내에서 소외되었다는 느낌을 받고 있어 마음이 힘든 상태였다. 이럴 때 필요한 건 주변의 상황에 휘둘리지 않고 내 마음을 다독일 수 있는 자기 결정권이라는 말이 특히 와닿았다. 병들어가는 마음을 활기찬 삶으로 바꾸기 위해 독서를 오티움으로 정한 후 천천히 독서 스펙트럼을 넓혀나갔다. 기존에는 경제, 경영, 자기계발서만을 읽었다면, 심리서, 육아서, 철학서 등을 읽으면서 힘든 내 마음을 들여다보기 시작했다.

《홀로서기 심리학》에서는 비교, 평가, 비난, 무시가 난무하는 직장에서 우리는 마음의 상처를 받을 수밖에 없다고 이야기한다. 즉 직장에서 힘든 것이 당연한 감정일 수 있다는 것이다. 이를 받아들이면서 직장에서 겪는 일련의 문제들을 나만의 문제로 자책하지 않게 되었다. 대신 회사에서 사람들이 가장 힘들어하는 것은 업무가 아닌 마음의 문제라는 것을 알게 되었고, 내 마음의 중심을 잡는 일이 먼저라고 깨달았다. 문제가 나를 제외한 외부에 있지 않고 내 안에 있다고 생각하기 시작했다. 이렇게 자기 결정권을 갖게 되면서 불평 대신 해결책을 먼저 생각하고 찾게 되었다.

나는 오랫동안 환상적인 이상 속에서 '배우자는 이래야 해!'라는 가정을 투사해 많은 것을 바라왔다. 그러나 배우자도 나와 같은 인간이고, 완벽하지 않은 사람일 뿐이다. 제임스 홀리스의 《내가 누군지도 모른 채 마흔이 되었다》는 융 심리학에 기초한 심리 서적이다.

나는 이 책을 읽으면서 내가 품고 있던 바람들이 배우자에 대한 욕심임을 깨달았다. 모든 고뇌는 내 마음의 문제라는 말은 많이 들어왔지만, 깊은 의미를 알지 못했었다. 독서를 눈으로만 하지 않고, 필사하며 읽기 시작했더니 책 속 말들의 진정한 의미를 깨닫는 과정을 밟을 수 있었다. 갑자기 한순간에 타인을 이해하는 마음과 눈을 갖게 되지는 않았지만, 최소한 타인의 입장에서 생각하는 마음의 여유가 생기기 시작했다. 세상에는 사람 수만큼 다양한 마음이 있다는 걸 깨달은 것도 그쯤이다. 상대를 이해하는 마음이 들지 않을지라도 다양함을 인정하기 시작하면서 내 마음에서 시작한 고뇌가 줄어들었다.

독서를 시작한 이유 중 하나는 변하고자 하는 절실함 때문이었다. 독서로 얻은 가장 값진 결과는 불안과 두려움에 대한 문제를 내 안에서 찾는 방법을 배우고 있다는 것이다. 이제 더 이상 마음의 불편함과 분노를 다른 사람 때문이라고 핑계 대지 않게 되었다. 내 마음에서 일어나는 감정을 한 발짝 떨어져서 객관적으로 바라보는 연습이 가능해졌다. 두려움의 감정들은 지금까지 내가 살아오면서 쌓인 스토리텔링의 결과이지 실체가 아니라는 것도 깨달았다.

나 빼고 주변 사람들이 다 이상하다는 생각이 든다면 한 번 뒤집어 '내가 이상한 것이 아닐까?'라고 생각해보는 것도 좋다. 그런 마음이 들기 시작하면 변화할 준비가 된 것이다. 변화는 변화하고자 하는 절실한 마음에서 시작되고, 변화할 준비가 된 사람에게는 마치 운명처럼 필요한 책들이 찾아온다.

번아웃 탈출 독서

나를 위한 하루 2시간, 1주일 5권 독서

　

세상에 삶을 변화시킬 방법은 많다. 운동을 열심히 하거나, 적극적으로 상담을 받아보거나, 글쓰기를 하거나, 여행을 떠나는 등 그 종류는 다양하다. 《마녀체력》 이영미 작가는 변화의 시작이 수영과 마라톤이었다고 한다. 오랫동안 저질 체력으로 살다가 어느 날 문득 시작한 운동으로 인생 전체가 변했다. 《매일 아침 써봤니?》 김민식 작가는 블로그에 매일 아침 쓴 글로 공짜로 즐기는 인생이 즐거워진 경우다.

변할 준비가 되면 무엇이든 찾게 된다. 내가 선택한 방법은 독서였다. 변화할 준비가 된 시기에 좋은 책들이 가는 길

곳곳에 있었다. 내가 찾아가기도 했고, 책이 나에게 찾아오기도 했다. 나만 빼고 주변이 다 이상해 보이는 힘든 시기가 계속되었던 건 이젠 변화할 때가 되었다는 사인이었다. 그 상황에서 2권의 책이 찾아왔다. 전안나 작가의 《1천 권 독서법》과 변화경영 사상가 구본형 작가의 《익숙한 것과의 결별》이다.

코로나19로 인한 사회적 거리두기로 집에 있는 시간이 늘었지만, 발전을 위한 시간으로 써야겠다는 생각조차 하지 못했다. 저렴한 마스크를 사려고 밤마다 눈이 빨개지도록 휴대폰으로 쇼핑하는 나날들이 이어졌다. 흘러가는 대로 살다 보니, 정말 흘러가는 삶이 되어버린 것 같았다. 그날은 여느 날과 다름없이 아이를 재워놓고 밤 늦게까지 휴대폰으로 SNS를 돌아다니며 코로나19와 관련된, 거짓 뉴스일지도 모를 기사들을 클릭하고 다녔다. 그러다가 페이스북 피드에 뜬 서울에서 하는 '오프라인 책 쓰기 강의' 공지를 보았고, 무작정 신청했다. 직전까지 갈까 말까 고민했지만, 무엇이든 하지 않고는 후회할 것 같아서 강의를 들었다. 3시간 동안 강사의 열정적인 강의를 들으며 막연히 나의 삶이 이대로 멈춰 있게 해서는 안 되겠다는 생각이 들었다. 하지만 어떻게 불을 지펴야 할지 알 수 없었다. 책을 읽는다고 달라질까? 지금까지 독서를 하지 않은 것이 아넌데 삶은 변화하지 않았다. 새로운 일을 계속 시도했으나 지속하지 못했다. 변하고 싶었지만 어떻게 해야 할지 몰랐고, 내 주변 사람들은 나처럼 꾸역꾸역 사는 사람들처럼 보였기에 조언을 구할 멘토도 없었다.

그때 책 쓰기 강사가 추천했던 《1천 권 독서법》을 읽었다. 작가는 두 자녀를 둔 워킹맘이고, 남편이 적극적으로 육아를 책임지는 환경이 아닌 곳에서 하루에 1권 책 밥을 먹는다고 했다. 조금 자극을 받긴 했다. 하지만 내가 책을 읽지 않을 핑계는 차고도 넘쳤다. 아이를 직장어린이집에 보내기 시작하면서 친정엄마의 도움을 받지 않았다. 아침에 일어나 여섯 살 아이와 함께 출근했고, 저녁에 퇴근하면서 아이를 집으로 데리고 와서 밥을 먹이고, 책을 읽어주고, 재우다가 아이와 함께 잠드는 게 일상이었다. 독서를 할 수 있는 시간은 당연히 없었다. 하지만 이때부터 마음속에 변화가 시작되었다.

번아웃과 막연한 불안함으로 뒤척이던 어느 날, 새벽 3시에 눈이 떠졌다. 거실로 나와 《익숙한 것과의 결별》을 읽기 시작했다. 책에는 깊은 자신만의 욕망을 갖고, 하루 두 시간 그 욕망을 위해 써야 하며, 매일 그 욕망을 꿈틀거릴 수 있게 돌봐주어야 한다고 적혀 있었다. 책을 다 읽은 순간 고개를 드니 이미 날이 밝고 있었다. 그때 나는 내가 무엇을 시작해야 하는지 확실히 알 수 있었다.

'하루 2시간, 변화하기 위해 나에게 투자해야 하는 시간.'

목표를 세워야 했다. 뚜렷한 목표를 세우지 않아 흘러가는 대로 살아왔으니, 이번에는 달라지고 싶었다. 중년으로 접어들수록, 아이가 클수록, 회사에서 내 위치와 자존감이 쪼그라들수록 느껴지는 불안감은 나에게는 막다른 골목이었다.

명제를 세웠다.

'책 속에 답이 있다.'

아직 그 답이 무엇인지 찾지 못했고, 어떻게 찾아야 하는지 구체적으로 몰랐으나, 책 속에 답이 있다는 명제를 믿고 목표를 세웠다.

'1주일에 5권 읽기!'

할 수 있을까? 자신이 없었지만 '전안나 작가도 아이 둘 워킹맘인데 하지 않았나?' 생각하며 책 속에 나오는 책부터 읽기 시작했다. 변화가 시작되는 순간이었다.

박상배 작가의 《인생의 차이를 만드는 독서법, 본깨적》

도 읽었다. 인생이 변화하는 독서를 시작한 계기를 만들어준 가장 중요한 책이다. 본깨적 독서법은 책을 읽으며 저자가 말하고자 하는 핵심을 보고, 나의 삶과 언어로 만들어 깨닫고, 깨달은 바를 내 삶에 적용하는 책 읽기다. 그동안 독서를 한다는 행위에만 초점을 두었지 저자의 입장이 되어 기록해보고 내 삶에 적용하는 것은 생각해본 적이 없었다. 이 책을 읽고 조언대로 필사 노트를 만들어 손으로 적어보고 생각을 정리하기 시작했다. 'one book', 'one message', 'one action' 가이드에 따라 독서를 하면서 한 가지라도 실천을 해보려고 했다. 예를 들면, 《더 해빙》이라는 책을 읽고 내가 가진 것에 감사하는 해빙노트를 매일 적어보았고, 《N잡하는 허대리의 월급 독립 스쿨》을 읽고 전자책을 무작정 써서 크몽(지식플랫폼)에 올려보기도 하였다. 책을 읽어도 왜 변화하지 않는지 궁금해했던 의문이 한번에 뚫렸다. 기록하는 독서, 실천하는 독서를 시작하자 독서하는 시간이 즐거워졌고, 독서를 위한 하루 2시간이 생겼다.

독서를 시작한 지 4주 차가 되던 어느 날, 인사부에서 주최한 '차세대 리더'들을 위한 재택 온라인 강연이 있었다. 강연 내용은 잘 생각나지 않는다. 다만 강연 중간에 졸다가 강사님이 갑자기 던진 질문을 오해했다. 강사님이 목표를 세우고 어떻게 실행하고 있는지 물어보신 줄 알았다. 졸고 있었다는 티를 내지 않으려고 얼른 채팅창에 "1주일에 5권의 독서를 목표로 했고, 실행한 지 4주 차 되었어요."라고 남겼다. 강사님은 그 대답을 보고 내 이름을 부르셨고, 30명이 넘는 사내 온라인 수강생들에게 읽어주셨다.

"이런 분들은 인사에서 관리하셔야 해요. 곧 회사를 떠날 사람이거든요."

갑자기 심장이 두근거렸다. 내가 잡은 목표와 실천 방법이 옳다고 여겨졌기 때문이다. 강사님의 말씀이 2년이 지난 지금도 귓속에서 맴돈다. 신기하게도 강사님의 말씀에 힘이 났다. 언젠간 직장을 탈출해서 내가 하고 싶은 돈이 되는 일을 할 수 있을 것 같았다. 강사님의 격려가 계획한 독서를 계속할 수 있게 만드는 원동력이 되었다. 그 이후부터 점심시간에 동료들과 수다를 떠는 대신 간단하게 식사하고 독서를 했고, 퇴근해 직장어린이집으로 아이를 데리러 가기 전 잠깐 시간을 내서 독서를 했다. 아침에 눈을 뜰 때마다 출근하는 게 괴로웠는데 회사 가는 날이 더는 괴롭지 않았고, 퇴근해서도 아이를 재워놓고 독서를 할 수 있으니 밤이 기다려졌다. 내 욕망을 위해 쓰는 시간이라 매일 활기차고 의미 있게 살 수 있었다.

'1주일 5권의 독서, 나의 발전을 위한 하루 2시간'이라는 구체적인 작은 목표가 생활의 뿌리를 조금씩 흔들어놓기 시작했다.

　　독서하고 나를 변화시킬 시간이 없다는 것은 핑계였다. 목표를 세우니 시간은 만들어졌다. 그 시간들은 즐거운 놀이 같았다.

번아웃 탈출 글쓰기

이혼하려다 108배 하며 글쓰기

　　습관이나 관계에도 관성의 법칙이 있다. 촘촘하게 세팅된 우리의 생활은 변화가 어렵다. 습관이 든 나의 뇌 또한 변화를 거부한다. 변화를 시도하다가도 제자리로 돌아오기 일쑤다. 나의 몸과 뇌도 변화하기를 싫어하는데, 가까운 사람들은 오죽할까? 당연히 나의 변화에 당황한다. 그들의 일상에도 영향을 주기 때문이다. 변화하고자 하는 당사자는 가까운 사람들로부터 지지를 얻고자 하지만, 그건 매우 어려운 일이다.

　　결혼 전이라면 부모님이, 결혼 후에는 배우자가 나의 변화에 조력자가 되거나 방해자가 된다. 나의 배우자는 처음에는 방해자였다. 1년 반 정도 지나자 서서히, 2년 반이 지난 지금은 제주도와 육지라는 물리적인 거리가 있지만 완벽한 나의 조력자가 되었다. 상황이 180도 변하게 된 데는 독서와 글쓰기의 힘이 컸다.

1주일에 5권의 책을 읽겠다고 목표를 세운 후 직장에서는 점심시간에 독서를 했고, 집에서는 저녁식사를 한 후 책을 잡았다. 이와 비슷한 시기에 남편은 코로나19로 인해 재택근무를 시작했다. 일상 시간에 항상 부재했던 남편이 재택근무를 시작했기에 나의 시간이 생길 줄 알았다. 그런데 남편은 저녁을 먹고 가끔만 설거지를 하고 바로 거실에서 사라졌다. 컴퓨터가 있는 방으로 가서 문을 닫고 게임을 하거나 밤늦게까지 영화를 보고 그 방에서 따로 잠을 잤다. 여섯 살짜리 아이를 시켜 남편을 거실로 소환하기도 했다. 아이와 놀아주는 것이 어떻겠냐고 애원도 여러 번 했다. 하지만 그때뿐이었다. 거실로 나와서 아이와 노는 척이라도 해줄 때면 그나마 다행이었다. 아이는 절대적으로 엄마와 아빠의 돌봄이 필요한 나이였다. 잠들기 전까지 책을 읽어주고 함께 놀아주는 시간은 부모가 함께해야 한다. 독서할 시간이 절실히 필요하기도 했지만, 그 이전에 아이를 돌보는 일은 함께했으면 했다. 참고 참다가 어느 날 남편과 크게 다투었다. 나는 속사포처럼 쏘아댔다.

"맞벌이하는데, 나는 일도 하고 육아도 하고 모든 것을 다 해야 해?"

"당신은 왜 혼자 방에 들어가서 게임만 하고 동영상만 보고 아이랑 놀아주지도 않아?"

"회사 출퇴근 시간이 절약되었으면 생산적인 일이라도 하거나 아이와 함께 시간을 보내야 하는 거 아니야?"

"나도 내 시간이 필요하다고!"

그때 남편의 한마디는 "당신은! 책만 처읽으면서!"였다. 독서라는 행위가 남편이 하는 게임과 별반 다르지 않다는 관점에 말문이 막혔으나, 일단 후퇴했다. 대신 주말 하루는 무조건 나를 위한 시간을 갖겠다고 선전포고를 했다.

"내가 독서만 하는 게 아니야. 독서를 하면서 파이프라인을 찾는 거야. 월급 외로 수익을 만들어야지. 우리 이제 은퇴할 날이 얼마 남지 않았다고. 수익을 창출할 수 있는 온라인 강의도 들어야 하고, 책 속에서도 방법을 찾아야 해서 책을 읽고 리뷰하는 시간이 필요해."

남편은 주말 하루 나의 외출에 암묵적으로 동의했다. 그 이후에는 나도 평일 저녁 시간에는 독서를 하지 않았다. 아이를 재우고 밤 9시 이후부터 평일 2시간의 독서 시간이 만들어졌다. 주말 하루는 나만의 아지트를 찾아서 아침 일찍부터 밤늦게까지 책을 읽고, 블로그에 독서 기록을 남기고, 듣고 싶은 온라인 강의를 들었다.

문제가 생겼다. 아이 앞에서 남편과 크게 다투던 날부터 아이는 밥을 삼키지 못하고 모두 뱉어냈다. 소아정신과를 운영하는 의사 친구에게 상담을 의뢰하고 검사지를 작성했다. 결과를 보고 친구는 조언했다.

"아이는 문제가 없어. 아마 저대로 아주 잘 클 거야. 검사지에 보면 예진이 네가 원가족 간에 해결되지 않은 감정이 있는 것 같아. 엄마가 행복하지 않으면 아이를 키우는 일이 짐이 되거든. 네가 물론 책을 읽고 글을 쓰면서 치유해가는 과정을 밟고 있는 건 맞아. 하지만 정식으로 상담을 받는 게 어때? 상담을 받아보라는 건, 예를 들어, 겨드랑이의 털을 핀셋으로 뽑느냐 브라질리언 왁싱으로 한 번에 제거하느냐의 차이야."

친구의 추천을 받아 상담센터에서 첫 번째 상담을 했다. 상담 선생님은 어린 시절부터 현재까지 지나온 나의 이야기를 끝까지 듣더니, 지금까지 의지할 사람 없이 혼자서 열심히 잘 살아왔다고 다독여주었다. 그리고 독서와 글쓰기로 이미 스스로 치유하고 있으니 필요할 때만 상담을 받아보라고 권해주었다. 그 이후로 두 번의 상담을 추가로 받았다. 아버지와의 일로 힘들었을 때와 남편과 대판 싸우고 5개월 동안 대화를 하지 않았을 때. 상담 선생님은 온전히 내 이야기를 들어주었고, 사소한 마음이라고 무시했던 감정 또한 아무것도 아닌 게 아니라며 내 편이 되어주었다.

첫 번째 상담을 마친 후 조금은 마음에 위로가 되었다. 하지만 "왜 내가 자유시간을 가지면 남편한테 고마워해야 하고, 남편이 매일매일 갖는 자유는 당연한 일일까?"라는 의문과 분노는 여전히 남았다.

그때 《페어 플레이 프로젝트》라는 책을 접했다. '아이를 키우는 데는 온 마을이 필요하다. 하지만 현대사회에서는 불가능하기에 부부가 집안일을 측정할 수 있게 만들고, 집안일을 공정하게 나눠야 한다.'는 취지의 책이었다. 책을 읽을수록 우리 부부는 공정한 관계가 아니라는 생각이 들었다. 책을 다 읽고 어떻게 집안일을 공정하게 나누자고 말할까 고민했다. 책에 나온 대로 슬기롭게 제안하고 싶었는데, 지금까지의 억울한 마음이 원망이 되어 큰 싸움으로 번졌다. 그 후로 5개월간 우리 부부는 대화하지 않았다. 집안이 평화롭지 않았기에 독서와 블로그도 신이 나지 않았다. 하지만 변화는 필연적으로 마찰력을 가져올 수밖에 없다고 믿었고, 독서를 시작하기 전의 무기력한 생활로 돌아가고 싶지 않았기 때문에 포기하지 않았다.

그 무렵 오소희 작가의 '나를 찾는 글쓰기 수업'을 신청했다. 글쓰기 강의를 한 번도 들어본 적은 없었지만, 오소희 작가의 온라인 글쓰기 수업이 파격적이라는 것은 바로 알 수 있었다. 글쓰기의 기교와 법칙을 배우는 것이 아니라, '나는 누구인가?', '나는 나를 적나라하게 관찰하고 사랑해본 적이 있는가?'에서 글쓰기 수업이 시작되었다. 수업 기간 동안 결혼생활에 대해 다시 생각했다. 실은 행복하지 않은 결혼생활의 마침표를 찍고 싶었다. 그때까지만 해도 비극적인 결혼생활을 남편 탓으로 돌리고 있었다. '나를 찾아가는 글쓰기'라는 주제답게 글쓰기 수업을 통해 나를 찾는 것과 동시에 이혼의 정당성을 찾으려고 발버둥쳤다.

7주 후 수강생들은 본인의 이야기들로 마지막 에세이를 쓰고, 털어놓고, 울고, 토닥임을 받았다. 무엇보다 다음 단계를 위한 여정을 시작했다. 하지만 오소희 작가는 나에게 100일 동안 108배를 하고 그 이후에 마지막 에세이를 제출하라는 미션을 주셨다.

은유 작가의 《쓰기의 말들》에서는 슬픈 사람은 할 말이 많은데, 그 부분부터 글쓰기가 시작된다고 한다. 나의 할 말은 늦게 찾아왔다. 알고 있다고 생각했는데, 글로 드러내지 않았으니 모르는 것이나 다름없었다. 내가 진정 원하는 것이 이혼인지, 남편과 좋은 관계를 유지하는 것인지 끊임없이 질문하며 108배를 시작했다. 송골송골 맺힌 땀이 식기 전, 나는 그날 생각나는 과거의 회상을 기록했다. 원가족에 대해 분노해 눈물을 흘리기도, 감사하는 마음을 갖기도 했다. 108배를 한 날은 바로 브런치에 글을 썼다. 과거 이야기를 브런치라는 공간에 털어놓으니 내 마음이 보였다. 마음속의 분노와 걱정을 글로 쓰니 내 마음을 가만히 바라볼 수 있었다. 모든 것은 나로부터 시작이 되었다. '나를 찾는 글쓰기'는 '분노와 슬픔의 뿌리를 바라보는 것'으로 올바른 방향을 찾아 걸어가는 여정을 제공해주었다. 108배를 하다가 무릎이 아파서 100일을 채우지는 못했지만 108배를 하고 글을 쓰는 동안 남편과의 관계도 선순환으로 돌아섰다. 5개월간 대화하지 않았던 우리 부부는 진솔한 대화를 시작했다.

글쓰기 수업이 끝나고 6개월 만에 마지막 에세이를 제출했다. 108배를 하며 스스로 볼 힘이 생겼고, 비로소 마음의 지옥에서 탈출했다는 내용이었다. 오소희 작가는 마지막 에세이를 읽고 바로 전화했다.

"예진아! 6개월 동안 네가 디뎌야 할 과정을 정확히 디뎠고, 도달해야 할 지점에 정확히 도달했어. 이제는 이혼해도 돼. 왜냐하면 이제 너 자신에 대해서 충분히 알게 되었고, 화해한 부분도 있어서 네가 누구하고 살아도, 어떤 결정을 내려도 그게 이제 등에 딱 떨어지지 않는 백팩처럼 지지해 줄 거야. 너는 결락이 많은 인생이야. 근데 어릴 때부터 많은 것들을 다 품어안아야 했으니 너한테 상처가 얼마나 많았겠어. 그걸 108배 하면서 쓰다듬어준 거야. 그러고 나니 이제 남편을 볼 여유도 생긴 거야. 그동안 살아오면서 가열차게 항상 노력을 해왔어. 너는 그 태도가 아예 몸에 있어. 예진아, 난 네가 할 수 있을 것 같았어. 그래서 너에게 시간을 더 준 거야."

"그리고 너 이제 이혼해도 돼!"

함께 큰 소리로 웃으니 그간의 여정이 떠올라 눈물이 맺혔다. 중요한 남편과 관계의 번아웃은 108배를 하며 글을 쓰다가 탈출했다.

번아웃 탈출기 이주

제주 1년 살이

．

'제주는 비움과 채움이 함께 있는 공간인 듯하다. 도시에서 분주한 나를 뚝 떼어 섬으로 데려다놓으면 비움이 될 수 있을 것 같고, 비워진 곳으로 무언가 채워질 것도 같다.'

《제주에 왔고, 제주에 살아요》를 읽고 블로그 도서 리뷰에 쓴 마지막 문장이다. 미혼이었을 때부터 제주앓이를 했다. 며칠 동안 올레길을 혼자 걸으며 지냈던 마음이, 풍요로운 날들이 그리웠다. 아이가 태어났을 때부터는 아이와 함께 제주 한 달 살이를 해보고 싶었다. 번아웃은 관계뿐 아니라 장소에도 적용되는 말이었다. 자연에서의 휴식이 절실했다.

동시에 퇴직 후의 생활을 진지하게 고민했다. 20년 동안 직장인으로 장소에 얽매여 살아왔고, 그 생활은 언젠가 끝난다. 직장생활을 즐겁지 않다고 여기는 건 어쩌면 일을 대하는 내 태도가 문제일 수도 있었다. 지금까지 살아온 날들을 재점검하고, 인생을 재설계해야 할 시기가 온 것이다. 마침 독서를 통해 삶 자체를 변화시키고 싶었고, 경제적 자유를 달성하고자 하는 목표가 생겼다. 나만의 콘텐츠로 안정적인 수익을 발생시키는 방법을 찾고 싶은 마음이 점점 커졌다. 퇴직 전 파이프라인을 만들 생각에 마음이 분주해졌다. 아이가 자는 시간과 주말 하루의 시간을 쪼개서 독서를 하고, 블로그에 기록하고, 파이프라인을 위한 온라인 강의를 들었다. 경제적 자유를 위한 부캐 활동을 하고 있었지만, 직장, 육아 등 여러 가지를 병행하기에는 시간이 턱없이 부족했다. 욕구는 더 강해졌고, 나는 빠른 성과를 지향하는 사람이었다. 더 잘하고 싶었다.

퇴직 전 월 천만 원의 수익을 계획했다. '월 천 퇴사' 목표를 세우니 과감한 결단을 할 시기가 왔다. 하지만 직장을 그만두면 닥치는 당장의 경제적 손실을 종이에 적어보고 좌절했다. 3개월 이후에는 고정비도 감당할 수 없었다. 퇴직이 아닌 휴직을 먼저 해야 했다. 휴직 후 아이와 함께 제주도에 가서 파이프라인을 테스트해야겠다고 마음먹었다. 휴직을 1년 후로 유예하고, 제주도에 가기 위한 예산을 짰다. 한 번도 가계를 관리하지 않았는데, 수입, 지출, 자산, 부채를 한눈에 보여주는 복식 가계부를 그때그때 적어나갔다. 결혼 10년 동안 남편과 따로 관리하던 수입, 지출 통장을 합쳤다. 남편이 월급을 모두 내 통장으로 입금하면 남편의 고정비를 남편 통장으로 재입금했다. 생활비 통장을 통해 가계의 수입과 지출을 통제하고 정확하게 관리하였다. 월급은 받는데 돈이 어디로 새나가는지 알지 못했는데, 가계의 월 현금흐름을 알게 되니 목돈이 모이기 시작했다. 이제 휴직하고 제주도로 가야 할 일만 남았다. 휴가를 내고 남편과 제주도로 사전 답사를 다녀오기도 했다. 가장 먼저 아이의 학교나 제주 1년 살이 시세를 알아봐야 하는데, 엄두가 나지 않았다. 두려움과 귀찮음 때문이었다.

휴직해야겠다는 마음은 정했는데, 제주에 아는 사람도, 물어볼 곳도 없어 막막했다. 그 시기에 《부의 속도》라는 책을 읽었다. 작가는 직장을 다니면서 부동산을 공부하고 투자로 부를 일구고 있었다. 가족의 미래를 생각해서 열심히 부동산 임장을 다니고 투자를 했지만 정작 가족과 보낼 시간이 없었고 가족 구성원들은 행복하지 않았다고 했다. 그는 어느 날 끌리듯이 포르투갈로 이민을 결정했다. 작가의 여정을 읽는 동안 가슴이 두근거렸다. '아! 나 영어 되는 엄마잖아, 이왕 휴직해서 1년 살기 할 거라면 제주도보다 포르투갈이 낫지 않을까?', '퇴사하고 포르투갈에서 디지털 노마드로 살면 되지 않을까?' 마음이 벅차올랐다. 이미 마음은 포르투갈에 가 있었다.

"나 포르투갈 갈래!" 남편에게 선언했다.

"포르투갈? 갑자기?" 쟤 또 시작이라는 눈빛으로 남편이 쳐다보았다. 일단 남편에게 돈파파의 《부의 속도》를 읽으라고 재촉했다. 같은 정보의 선상에 있어야 대화가 통할 것 같았기 때문이다. 남편은 책을 읽었고, 나와 함께 꿈을 꾸기 시작했다. 아이의 학교와 비자 문제가 가장 궁금했다. 다른 나라에 비해 저렴한 포르투갈의 국제학교를 보내고 싶었다. 폭풍 검색을 해봤지만, 원하는 정보가 없었다. 망설이다가 돈파파님에게 이메일을 보냈고, 작가님은 흔쾌히 상담을 해주셨다. 국제학교를 보내기 위한 가장 쉬운 방법은 골든 비자를 받는 것이었다. 골든 비자를 받으려면 포르투갈 부동산에 적게는 5억에서 많게는 10억가량의 돈을 투자해야 한다. 마음은 포르투갈에 이미 가 있었기에 전세를 빼고 무리를 해서라도 가려고 했다. 하지만 사전 답사를 하려니 아이를 봐줄 사람이 없었다. 아이와 함께 가더라도 코로나19로 자가격리를 해야 하므로 초등학교 입학 첫 주를 놓치게 되었다. 무엇보다 진짜 실행하려고 하니 덜컥 겁이 났다. 남편과 의논 끝에 시간을 갖고 아이 여름방학 때 사전 답사를 하러 가기로 했다. 포르투갈의 꿈이 멀어지고 있다는 느낌에 불안했다.

그러던 어느 날, 블로그 이웃의 글을 보았다.

"제주도에 살고 있어요. 저희 가족은 2층에 살고 있고, 1층에 살 이웃을 구해요."

'어차피 휴직은 할 테고, 포르투갈행은 미뤄졌으니 제주도에 가서 먼저 디지털 노마드의 삶을 테스트해보면 어떨까?'

스스로 질문을 던졌다. 이메일을 썼고, 며칠 후 제주도로 날아가 가족면접을 봤다. 1월 중순에 면접을 본 후 2월 중순에 휴직계를 내자마자 아이의 초등학교 입학 시기에 맞추기 위해 서둘러 제주도로 내려왔다. 이렇게 번아웃 탈출을 위한 꿈꾸는 유목민으로의 첫 선택지는 제주가 되었다.

블로그를 선택한 또 하나의 이유는 개인 공간이 아닌,
공식적으로 외부와 소통을 하고 싶었기 때문이다.
블로그를 운영할수록 블로그만의 장점이 보였다.

Part 2

내가 찾은 부캐,
도서 인플루언서가
되다

도서 인플루언서가 뭐지?

채널의 확장

●

예전부터 싸이월드, 카카오스토리, 페이스북 같은 SNS 활동을 좋아했다. 대부분 아는 사람과 소통하기 위한 채널로 이용하였고, 일상의 기록을 쌓아놓고 몇 년 후에 추억을 떠올리기 위해서 활용하기도 했다. 네이버 블로그도 2002년부터 운영하였으나, 여느 SNS와는 다르게 블로그는 불특정 다수를 대상으로 글을 올리는 채널이었다. 주변에 블로그를 하는 지인이 없으니 흥미가 사라져 지속하지 않았다. 제품을 받고 리뷰 쓰는 블로거를 보고, '내 돈 내고 내가 산다!'는 리뷰를 몇 번 하다가 성과가 없자 접기도 하였다.

독서를 시작하면서 SNS에 대한 시각을 바꾸었다. 기존에는 SNS를 아는 사람과 소통하는 공간으로 사용했다면, 이번에는 나를 모르는 사람과 소통하는 공간으로 사용하기 시작한 것이다. 독서를 하고 읽은 책을 리뷰하려니, 페이스북, 카카오스토리, 인스타그램에는 나를 아는 사람들이 많았다. 내 생각을 솔직하게 적고 공개하기가 부담스러웠다. 다른 사람은 나에게 관심이 없다는 건 알고 있었지만, 책에 관한 이야기는 지인이 아닌 사람과 소통하고 싶었다. 블로그에도 물론 아는 사람이 있긴 하다. 헤어진 옛 연인이나 썸 타던 전 직장 동료들, 그리고 지금은 이름조차도 잊은 사람들이 이웃으로 등록되어 있었다. 하지만 살펴보니 아무도 블로그 활동을 하고 있지 않았고, 설령 그들이 블로그를 한다고 해도 특별히 상관은 없었다.

블로그를 선택한 또 하나의 이유는 개인 공간이 아닌, 공식적으로 외부와 소통을 하고 싶었기 때문이다. 블로그를 운영할수록 블로그만의 장점이 보였다. 2002년도에 블로그를 개설했던 때에 비하면 사진 편집을 더 자유롭게 할 수 있고, 글자 수 제한도 없었다. 링크 삽입도 자유롭고(블로그 저품질을 생각한다면 자제해야 하지만), 내가 읽은 책을 네이버 글감에서 찾아서 넣는 것도 가능하다. 블로그는 검색을 통해 유입되기 때문에 조금만 노력을 기울여 양질의 글을 쓰면 다른 사람들에게 도움이 될 수도 있다. 유튜브도 많은 사람이 뛰어든 채널이고 꾸준히 잘만 하면 수익과 바로 연결이 되겠지만, 워킹맘이 시작하기에는 무리가 있었다. 유튜브로 꾸준히 발행할 수 있는 나만의 콘텐츠도 찾지 못한 상태였다. 일단 블로그로 시작하고 채널을 유튜브로 확장해도 되었다. 아무것도 시작하지 않는 것보다는 블로그라는 온라인 빌딩 하나를 튼실하게 짓는 것이 중요하다고 생각했다. 블로그라는 채널에 도서 관련 분야의 콘텐츠를 지속적으로 발행하면서 도서 인플루언서에 도전했다.

인플루언서는 SNS에서 수만 명에서 수십만 명에 달하는 많은 구독자를 통해 대중에게 해당 분야에 영향을 미치는 사람을 의미한다. 유명 연예인보다 제품 구매력에 영향력을 발휘하는 인플루언서들도 전 세계에 많다. 인스타그램의 경우, 구독자 수에 따라 마이크로 인플루언서, 메가 인플루언서로 나뉘기도 한다. 유튜브는 1천 명의 구독자, 12개월 내 영상 시청 시간이 4천 시간 이상이 되어야 광고 수익 조건이 충족되고, 인플루언서가 되려면 더 많은 구독자가 필요하다.

즉 인스타그램은 구독자, 유튜브는 구독자와 영상 시청 시간이 일정 수를 넘는 채널을 운영하는 사람을 인플루언서라 칭한다. 이에 비해, 국내 유명한 포털 사이트인 네이버 인플루언서는 블로그를 운영하는 개인이 인플루언서를 신청하고 심사를 통해 선정된다. 네이버에는 오래전에 파워블로거 제도가 있었는데, 이 제도가 네이버 인플루언서로 변경되었다고 보면 된다. 네이버 인플루언서는 검색 지원제도라서 사람들이 포털 사이트에서 검색하면 해당 글을 쓴 인플루언서의 글이 가장 상단에 게시된다. 인플루언서들끼리도 키워드 경쟁을 통해 3위 안에 들어야 상위 노출이 되고, 방문자 유입수가 많아진다. 네이버 인플루언서 검색도 다양하게 변화를 시도 중이다. 최근에는 유튜브, 인스타그램, 네이버 포스트, 네이버 인플루언서 팬 수를 모두 합쳐 가장 영향력이 큰 사람을 상위 노출시키고 있다.

인플루언서가 활동하는 SNS 채널은 여러 가지가 있는데, 많은 사람이 알다시피 인스타그램, 유튜브, 페이스북, 틱톡, 블로그가 가장 대중적이다. 그중에서 블로그 인플루언서 분야로는 여행, 패션, 뷰티, IT, 재테크, 자동차, 리빙, 육아, 생활건강, 게임, 동물, 스포츠, 방송 연예, 음악, 영화, 공연/전시/예술,

도서, 경제, 비즈니스, 어학/교육 분야가 있다. 블로그에 독서 기록을 주로 남기다가 다른 사람 블로그 아이디 옆에 '인플루언서'라는 글씨가 있는 것을 보고, 도서 분야도 인플루언서가 있는지 알게 됐다. IT 테크, 여행, 패션, 뷰티, 육아 등은 협찬도 많이 받고 공동구매 활동도 많다는 것을 알고 있었지만, 도서 인플루언서가 정확히 어떤 활동을 하는지 몰랐다. 어쨌든 내가 지속해서 발행하는 콘텐츠는 도서 분야였으니, 도서 인플루언서에 도전할 만했다. 하루에 2건의 도서 리뷰를 한꺼번에 올리는 대신, 매일 1건씩 꾸준히 1주일에 여섯 번 이상 도서 관련 글을 발행했다. 도서 리뷰한 책이 150권가량 쌓였을 때 처음으로 인플루언서에 도전했고, 200권이 넘었을 무렵 인플루언서로 선정되었다.

도서 인플루언서는 책에 대한 모든 것을 소개하고 활동하는 채널을 가진 사람을 의미한다. 책을 읽고 매일 리뷰를 작성해야 한다고 생각하는 사람도 가끔 있다. 하지만 읽지 않은 기대 신간을 소개해도 되고, 좋아하는 작가, 유명 시, 독서 모임, 베스트셀러, 스테디셀러, 그림책 등 책에 관련된 각종 큐레이션을 해도 된다. 도서라는 주제로 채널에 소개할 수 있는 이야기가 무궁무진한 셈이다. 네이버 도서 인플루언서는 도서에 관련된 포스팅을 하면서 블로그를 지속적으로 운영하면 신청할 수 있다.

블로그를 본격적으로 운영한 지 1년 반이 넘으니 인스타그램 채널도 눈에 들어오기 시작했다. 인스타그램은 페이스북과 연동되어 있었고, 주로 지인들에게만 공개하는 계정으로 활용하고 있었는데, 자세히 들여다보니 인스타그램이 가장 쉽게 구독자를 만들고 소통할 수 있는 채널이었다. 나는 비공개 계정을 공개로 변경하고 인스타그램에서 적극적으로 손품을 팔기 시작했다. 팔로우와 '좋아요'를 적극적으로 눌렀고, 인스타그램에서도 소통하는 사람을 늘렸다. 블로그는 독서 기록을 길게 남기는 곳으로, 인스타그램은 통일감 있게 책을 찍어서 짧은 평을 올리는 방식으로 시간을 분배했다. 현재 2천 명 이상의 팔로워가 있고, 900건가량의 게시물을 올렸다. 블로그에 도서 리뷰를 하며 만든 카드뉴스를 인스타그램에 활용하고 자세한 리뷰는 프로필 블로그 링크를 방문하도록 유도한다. 또한 인스타그램에 특화된 짧은 동영상 '릴스'를 활용하여 독서와 기록하는 모습을 게시하며 독서하는 사람으로 셀프 브랜딩을 한다. 다만 블로그 도서 리뷰에 더 집중하며 인스타그램의 성장은 서두르지 않고 있다.

현재는 블로그 도서 인플루언서로만 활동하고 있지만, 앞으로 유튜브 채널도 확장해볼 생각이다. 도서 인플루언서로서 작은 성공이 쌓이니 다른 채널로의 확장도 어렵지 않게 여겨진다. 블로그는 적극적으로 문자를 읽는 독자들이 방문한다면 유튜브는 시각적인 영상으로 조금 더 쉽게 접근하고자 하는 사람들이 선택한다. 정보가 넘치는 사회에서 많은 사람이 복잡한 텍스트보다는 시각적 플랫폼인 유튜브를 선택하기도 한다.

도서 리뷰를 블로그에 쓰는 이유는 나의 발전 이외에도 다른 사람과 정보를 공유하려는 목적이 있기 때문이다. 유튜브 또한 정보의 공유, 전달 측면에서 필수 선택이라고 생각한다. 그래서 요즘 유튜브 숏츠(짧은 동영상) 강의를 듣고, 내가 읽은 책의 키워드와 주요 메시지를 뽑아 짧고 임팩트 있게 작성하는 방법을 배우고 있다. 블로그를 처음 시작할 때 그랬듯이 힘을 주지 않고 일단 지속하는 걸 목표로 계속하는 중이다.

정체성을 찾아서

지나온 시간을 데이터로 바꾸기

　　니체는 자신이 어떤 사람인지 알려면 지금까지 내가 진실로 사랑한 것이 무엇이고, 어떤 것에 몰입해왔고, 무엇이 나의 마음을 채우고 기쁨을 주는지에 대해 질문하고 답하라고 했다.

　　무엇을 하든 가장 기본은 '나를 아는 것'이다. 누군가와의 관계 회복을 원하든, 새로운 일을 시작하든, 육아를 하든, 재테크를 하든, 독서를 하든 '나의 정체성'을 알고 시작하면 여정과 목표가 명확해진다. 블로그도 마찬가지다. 자기 탐색의 시간을 가진 후 시작하면 지속할 힘이 생긴다.

처음 SNS를 시작하는 사람들은 수익화가 목표일 가능성이 높다. 처음부터 수익화만이 목표인 사람들은 꾸준히 할 수가 없다. 내가 누구인지 아는 것이 선행되지 않았다면 조금 하다가 그만두는 경우가 허다하기 때문이다. 내가 정보 흡수에 능숙한 사람인지, 육아에 소질이 있는 사람인지, 아이들에게 요리를 해주는 것을 좋아하고 방법을 나누는 것을 좋아하는 사람인지, 독서를 좋아하는 사람인지, 재테크를 공부하여 쉬운 말로 다른 사람에게 정보를 줄 수 있는 사람인지, 건강관리 노하우를 잘 알고 있는 사람인지, 여행을 꾸준히 할 수 있는 환경이 되는 사람인지 등을 먼저 알면 지속할 수 있는 힘이 만들어진다.

지금까지 걸어온 시간과 길을 돌아보고, 이를 데이터로 바꾼 후 본인의 속도를 찾아야 한다. 직장생활을 하는 많은 성인은 자신이 좋아하는 일이 무엇인지 모른다. 처음부터 명확하게 좋아하는 일을 찾는 일은 어렵기도 하고 확신할 수도 없다. 하지만 시간만 흘러가도록 놔둘 수는 없는 일이다. 처음 시작하는 일에는 힘이 있다고 여기고 직관을 따라 행동해야 한다.

도서 블로그 운영법에 대해 몇 차례 강의했을 때, 수강생들은 '블로그의 정체성 정하기'를 가장 어려워했다. '블로그를 하면 좋다', '나만의 온라인 빌딩을 블로그로 지어라' 하는 말에 블로그를 시작하지만, 보통 블로그 아이디를 정하고 프로필 만들기부터 막힌다. 내가 '꿈꾸는 유목민'이라는 아이디를 정한 시점은 20대 후반 말레이시아로 해외 취업을 했을 때였다. 블로그에 해외생활을 기록하려 시작했고, 여러 나라를 돌아다닌 나의 행적을 떠올렸다. 당시에는 블로그에 개인 기록만 담았기에 아이디만 '꿈꾸는 유목민'으로 지어놓고 지속하지 못했다. 동기부여가 되지 않았다.

블로그에 독서 기록을 남겨야겠다고 생각하면서 블로그의 정체성을 재정립하는 시간을 가졌다. 블로그에는 나의 본캐를 드러내지 않고 부캐로만 활동하면서 내가 하고 싶은 이야기와 좋아하는 활동을 담고 있다. 그래서 나의 정체성이 곧 블로그의 정체성이었다. 도서 블로그를 시작하고 몇 개월 후에 종이에 무엇을 좋아하는지, 지금까지 어떤 경험을 쌓았는지, 하고 싶은 것은 무엇인지, 과거 나의 성과는 무엇이고 하고 싶었던 일은 무엇인지에 대해서 나열했다.

모든 일의 시작은 '나를 아는 것'부터 시작하기에 시중에 나와 있는 자기계발서 중에 《아티스트웨이》에서 영감을 얻었다. 《아티스트웨이》에서는 허무맹랑할지 모르겠지만, 어렸을 때 가졌던 장래희망이나 본인이 지금 아무 직업이나 가질 수 있는 능력이 된다면 무엇을 하고 싶은지 자유롭게 적어보라고 한다. 그 과정에서 본인을 잘 알 수 있는 자기 모습이 등장하기도 하고 설렘으로 심장이 두근거리기도 한다. 블로그 운영을 2년 반 동안 꾸준히 하니, 처음에 나를 진단했던 정체성이 틀리지 않은 방향이었음을 알게 되었다.

블로그를 처음 시작하는 사람들이나 아직도 본인의 정체성을 모르겠다고 생각하는 사람들에게 자신의 행적을 나열해보고 이를 데이터로 만드는 방법을 추천해주고 싶다.

'빡센 블로그 글쓰기' 프로그램에서는 정체성을 찾기 위한 두 가지 툴을 제안하는데, 하나는 마인드맵으로 본인 삶의 여정을 자유롭게 브레인스토밍하듯이 정리해보는 것이고, 다른 하나는 SWOT, 즉 자신의 강점, 약점, 기회 요인, 위기 요인 등을 정리해보는 것이다. 나는 블로그를 시작했을 당시 나의 모습에 대해서 두 가지 툴을 이용해서 정리해보았다.

첫 번째는 자신의 지나온 시간을 마인드맵으로 정리해보기다. 마인드맵은 직접 종이에 그려도 되고, 컴퓨터나 휴대폰 앱을 활용해도 된다. 나는 마인드맵을 그릴 수 있는 프로그램 중 쉽게 다룰 수 있는 알마인드맵으로 정리했다 (2023년 2월 알마인드 서비스가 종료되었다). 마인드맵을 사용할 때 는 우선 의식의 흐름으로 정리하는 것이 좋다. 그래서 우선 나의 이름을 중앙에 두고 항목을 자유롭게 선정했다. SNS 활동 경험, 커리어, 좋아하는 것, 커리어 외에 도전한 것들, 나의 장점, 단점, 하고 싶은 것, 내 인생의 중요한 터닝포인트 등을 정리했다.

　　마인드맵을 정리하니, 나는 유행을 좇아서 이것저것 배우기만 하고 지속하지 못하는 사람이었다. 반면에 실행력 과 추진력으로 빠른 성과를 지향하는 성향이 있었다. 도서 블로그를 시작하고 2개월도 안 되어서 도서 인플루언서에 도전했고, 5개월 만에 도서 인플루언서가 되었다는 사실이 이를 뒷받침해주었다. 블로그를 시작하던 당시에 독서로 인생을 변화시키고 싶다는 절실한 마음으로 1주일에 5권이라 는 독서 목표를 세웠기에 꾸준히 발행할 콘텐츠도 있었다. 그렇게 '블로그, 독서, 트렌드를 좇음, 빠른 성과 지향'이라는 키워드를 잡았다. 다른 키워드들로는 세계여행, 해외 출장이 있었다. 하지만 세계여행은 블로그 포스팅을 매일 할 수 없 는 부분이었기에 블로그에 세계여행의 기록을 연재하는 것 으로 마무리했다.

두 번째는 SWOT(Strength, Weakness, Opportunities, Threats/강점, 약점, 기회 요인, 위기 요인) 표를 만들어 나의 지나온 과거를 지금 자신의 상황에 대입해보는 방법이다. SWOT를 작성하니, 나의 경우 SNS 활동에 부담을 느끼지 않는다는 강점이 있었고, 새로운 배움을 좋아해서 여러 가지 취미에 도전했지만 내 콘텐츠가 되지 못했다는 약점이 있었다. 하지만 블로그라는 채널은 여전히 건재하고, 블로그를 통해 경제적 자유 달성을 위한 수익 활동을 시작할 수 있다고 결론 내렸다. 즉 독서라는 무기가 있기에 SWOT를 통해서 자세하게 나의 진로를 결정할 수 있었다. 그렇게 나의 도서 블로그 진로는 '트렌드에 민감한 독서를 통해 내 콘텐츠를 만들어 파이프라인을 구축하자!'가 되었다.

약점에서 막힌다면 Weakness 대신 T, 즉 Trend(트렌드)로 바꾸어서 작성해볼 것을 추천한다. 트렌드는 외부 환경을 의미하는 것으로 SNS를 하는 사람에게 적합하다. 트렌드는 특히 환경적, 경제적, 사회적 변화를 참조하게 되므로 본인의 성향과 현재 상황에 맞는 시장의 변화를 예측해서 전략을 수정할 수 있다. 예를 들어, SWOT 표에서 예시한 '많은 것을 시도했지만 내 것으로 만들지 못했다', '유튜브는 사전에 준비가 안 되었다' 등의 약점 대신 유튜브가 긴 영상인 '롱폼'으로 지속될 것인지, 빠르고 강한 메시지를 담은 '숏츠'로 갈 것인지 같은 트렌드를 예측해서 넣어보는 것도 한 방법이다.

블로그 글쓰기 수업에서는 자아 탐색의 시간을 갖는다. 대인관계 특성과 문제 해결 방식을 보여주는 진단 도구이자, 내적 동기의 지표인 욕구를 다룸으로써 나와 상대방을 더 깊이 이해할 수 있는 '버크만(birkman)' 진단 코칭의 기회를 제공한다. 버크만 진단을 블로그 글쓰기 프로그램에 넣은 이유는 자신의 흥미 요소, 즉 욕구를 파악해서 블로그를 지속할 수 있는 내적 동기를 만들어주기 위해서다. 또한 버크만 진단은 욕구가 충족되지 못했을 때 어떠한 스트레스 행동을 하는지에 대한 구체적인 예시를 제공한다. 흥미가 없는 분야의 글을 블로그에 지속해서 쓰는 건 어려운 일이다. 내적 동기가 발현되어 좋아하는 분야를 선택해서 글을 쓰더라도 생각할 시간이 없다거나, 정서적 지지가 필요하다는 등의 욕구가 충족되지 못하면 스트레스 행동이 나타날 수 있다. 즉 버크만 진단을 통해 독서 글쓰기와 연결해서 어떤 분야를 지속해야 좋을지를 조언하고, 스트레스를 알아차린 후 지속하는 힘을 만들어주고자 했다.

버크만 진단은 블로그 글쓰기 강의 시작 전에 버크만

흥미

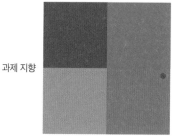

직접 소통

과제 지향   사람 지향

간접 소통

흥미 분야

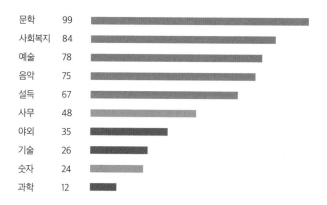

문학	99
사회복지	84
예술	78
음악	75
설득	67
사무	48
야외	35
기술	26
숫자	24
과학	12

나의 버크만 진단표

- 상단 표는 '나의 흥미 요소' 결과입니다. 파란색 안에 빨간 점으로 표시된 부분이 저를 나타내고, 설명은 아래와 같습니다. 하단 표는 저의 검사 결과 중 흥미가 가장 높은 분야부터 도식화한 표입니다.

  "빨간 점은 선호하는 활동 유형을 나타냅니다. 사분면에서 당신은 파란색에 위치하지만 초록색에도 아주 가깝게 있습니다. 이러한 특징을 보이는 사람은 일반적으로 창의적인 활동을 좋아하지만, 그러한 활동을 지도, 동기부여, 설득, 상담, 가르치는 일과 연결시키기도 좋아합니다."

  하단은 흥미 분야를 차례로 도식화한 표로, 저의 경우 문학, 사회복지, 예술, 음악, 설득 순으로 흥미를 가졌습니다.

진단 코치가 직접 1대 1로 2시간가량 코칭을 해준다. 수업 시간에는 마인드맵과 SWOT를 활용해 자신의 과거 행적과 장단점을 직접 적어보는 방법을 가진다. 과제를 통해 직접 자기 탐색의 시간을 갖는 수강생은 독서와 글쓰기에 임하는 자세가 확실히 달라진다.

본인이 지나온 시간을 데이터로 만드는 일은 시간을 내서 하지 않으면 계속 미루게 된다. 의식을 치르듯이 여유를 갖고 지나온 시간을 돌아보고 적어보아야 한다. 그렇다고 하루아침에 완성되는 일은 아니다. 이 작업은 처음 할 때 제대로 데이터로 만들어보고, 본인의 정해 놓은 목표를 향해 나아가면서 수정, 보완하는 작업을 반복해야 얻을 수 있다.

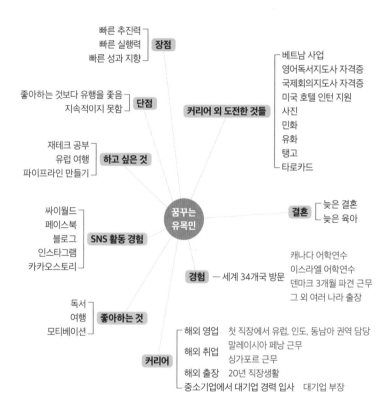

꿈꾸는 유목민의 마인드맵으로 지나온 시간 데이터로 만들기

강점

· 대기업 직장인
· 세계 34개국 출장
· 빠른 추진력, 빠른 실행력
· 빠른 성과를 지향함
· SNS 활동을 좋아함
· 새로운 것을 배우는 것을 좋아함

약점

· 유튜브는 사전 준비가 안 되어 있음
· 많은 것을 시도했지만
내 컨텐츠가 되지 못함
· 직장 번아웃, 멘탈 약화
· 직장에 대한 회의감으로 자존감 저하
· 미래에 대한 막연한 불안감
· 부부관계 안 좋음

기회 요인

· 블로그는 여전히 건재함
· 자기계발을 하려는 사람이 많음
· 파이프라인 구축에 대한 열망 증가

위기 요인

· 이미 SNS로 성공한 사람이 많음
(블로그, 인플루언서)
· 텍스트보다 영상 선호도가 높음
· 블로그는 작성 시간이 오래 걸림
· 워킹맘(육아, 직장생활을 동시에)

꿈꾸는 유목민의 독서 진로는?

트렌드에 민감한 독서를 통해 내 콘텐츠를 만들고,
파이프라인을 구축하자!

꿈꾸는 유목민의 SWOT

테마와 콘셉트를 찾아서

읽었던 책을 데이터로 바꾸기

도서 블로거라면 본인의 독서 진로를 정해서 계획적인 독서를 할 수 있어야 한다. 이를 위해서 읽었던 책을 데이터로 바꾸어보는 방법을 추천한다. 책을 읽고 나면 완독했다는 뿌듯함이 있고, 좋은 책은 계속 기억할 수 있겠다는 느낌이 든다. 하지만 1주일도 안 되어 책 내용은 물론, 내가 무슨 책을 읽었는지조차 기억이 나지 않는다. 읽은 책을 데이터로 저장하는 일은 읽은 책을 기록한다는 의미도 있지만, 여태까지 내가 어떤 책을 읽어왔는지 쭉 살펴볼 수 있다는 점에서 가치가 있다. 또한 자신이 어떤 테마의 책을 좋아하는지, 도서 블로그를 어떤 콘셉트로 운영할 것인지 명확해진다.

　　나는 1주일에 5권의 독서를 하겠다고 계획하고, 책을
완독할 때마다 네이버 달력 앱에 몇 번째 읽은 책인지 기록
하기 시작했다. 3개월 동안 기록하니 지금까지 몇 권의 책을
읽었는지는 알 수 있었다. 하지만 네이버 달력 앱에 다른 스
케줄이 섞여 있어서 1개월 동안 어떤 책을 읽었는지 한눈에
들어오지 않았다. 한눈에 보려면 독서 기록 앱이 필요했다.
이 전에도 '북플'이라는 독서 기록 앱을 사용한 적이 있다.
인상적인 구절을 사진 찍으면 텍스트로 변환이 되고, 저장하
면 해당 앱을 사용하고 있는 다른 사람들과 공유가 되기도
한다. 책을 다 읽고 별점을 남길 수도 있으나, 조금 아쉽다는
생각이 들었다. 내가 읽은 책들을 월별로 한눈에 보고 싶었
기 때문이다. 읽은 책이 쌓여가기에 더는 미룰 수 없어 독서
기록 유료 앱을 검색했다. 여러 독서 기록 앱을 다운로드 받
아 비교하고 찾은 앱은 '책꽂이 플러스'였다(현재는 개발자가
관리하지 않아 결제가 불가능하고 자주 오류가 발생한다. 대안으로 월
별 독서 달력을 제공하고, 읽은 책을 분석해주는 '북플립'이나 '북모
리' 같은 무료 독서앱을 추천한다). 네이버 달력에 기록해둔 3개
월 동안 읽은 책들은 시간을 내서 책꽂이 플러스 앱에 한꺼

번에 기록했다. 그 이후부터는 1권을 완독하면 바로 앱에 기록하기 시작했다. 책꽂이 플러스는 완독한 날짜, 책 분야, 소유 정보, 별점, 메모로 구성되어 있다.

그뿐만 아니라, 년·월별로, 범주별로 몇 권의 책을 읽었는지 통계로 볼 수 있다. 기록하면서는 몰랐지만, 독서 앱 기록을 시작한 지 횟수로 3년이 되자, 해마다 어떤 분야의 책을 많이 읽었는지 데이터로 나오면서 나의 독서 성향을 더 자세히 파악할 수 있었다.

2020년에는 자기계발서와 재테크, 2021년에는 소설과 자기계발서, 2022년에는 소설과 에세이 분야의 책을 반 이상 읽었다고 통계에서 확인했다. 독서를 시작하면서 설정한 목표가 경제적 자유였기에 첫해에는 자기계발서와 재테크 분야 독서를 많이 했다. 하지만 시간이 지날수록 소설에 손이 많이 갔다. 이를 통해 소설을 좋아하는 내 독서 성향을 확실히 알수 있었을 뿐 아니라, 자기계발서와 재테크 분야의 책을 더 추가해서 읽어야겠다는 목표가 생겼다.

블로그 글쓰기 수강생에게도 독서 앱을 작성하는 과제를 내준다. 여러 개의 앱을 사용해보고 그중에서 무료 앱을 추천했는데, 수강생들이 가장 많이 고른 앱은 '북플립'이었다. 이

앱은 월 독서 달력이 제공되고, 무엇보다 읽은 분야를 자동으로 분류해준다는 점에서 사용하기 편리하다. 엑셀로 제목, 저자, 출판사, 금액, 완독 날짜 등의 전체 데이터를 다운받을 수도 있다. 또 다른 독서 앱인 '북모리'는 읽은 시간을 보여주고 책을 다 읽으면 축하 영상이 나오는데, 그 부분이 확실히 동기부여가 된다.

나는 독서 앱 이외에도 엑셀로 한 달에 한 번 읽은 책을 기록해서 월 결산을 한다. 도서 인플루언서가 되고 2개월 후에 지나가던 사람이 블로그에 비밀댓글을 남겼다. '한 달에

북플립의 독서 기록과 분석 데이터

책값이 얼마나 드나요?'라는 질문이었다. 책을 한 달에 25권 이상 읽는 것 같은데, 책값을 어떻게 감당하냐는 물음이었다. 문득 한 달에 책값이 얼마나 드는지 궁금했다.

　　도서 블로그를 적극적으로 운영하기 전에는 책을 무조건 구매했다. 초등학교 시절에 부모님은 동네에서 작은 만둣가게를 운영하셨다. 50m 떨어진 서점에 가서 읽고 싶은 책을 가져오면 아버지는 넉넉지 않은 형편이었지만 책값만큼은 흔쾌히 계산하셨다. 그때부터 책은 무조건 구매해서 봐야 한다고 생각했다. 하지만 1주일에 5권의 독서 목표를 세우자, 모든 책

북모리의 독서 기록과 분석 데이터

을 사서 볼 수 없었다. 작은 집으로 이사를 해서 짐을 대폭 줄여야 했고, 늘어나는 책 또한 감당할 수가 없었다. 도서 리뷰가 쌓이자, 출판사에서 서평 의뢰가 자주 들어오기 시작하면서 책을 구매하는 비중이 줄어드는 시점이었다.

엑셀로 한 달에 책값이 얼마나 드는지 계산해보았다. 도서 리스트는 이미 독서 기록 앱에 있어서 비교적 수월하게 과거 4개월 치를 정리했다. 도서명, 저자, 출판사, 금액, 책을 가진 경로를 구분했다. 한 달에 책값이 얼마나 드는지, 도서 협찬은 한 달에 몇 권 받는지 통계가 나왔다. 처음에는 한 달에 약 20만 원가량 도서 구입 비용이 들었는데, 구입한 책 중 절반을 읽지 않고 책꽂이에 꽂아두고만 있었다. 통계를 낸 후부터 꼭 읽어야 하는 책만 종이책으로 구입했다. 그 이후부터 한 달에 약 10만 원가량 도서 구입비가 들었고, 도서 협찬 또한 5권에서 10권 이상으로 점점 늘어났다. 한 달 독서 결산을 일회성에만 그치지 않고 계속 정리했더니, 독서 기록의 연간통계가 나왔다. 이렇게 정리하면서 무엇보다 도서관에서 빌려 읽는 책이 늘어났고, 회사 전자책, 리디북스, 밀리의 서재 등 전자책으로 읽는 책들도 많아졌다. 이 일련의 과정은 남들에게 보이기 위한 것이 아니다. 내가 읽은 책을 정리하고, 독서를 더 체계적이고 지속해서 할 힘이 생기게 만드는 시스템이다.

지금까지 읽은 책을 기록해놓지 않았다면, 이미 읽은 책, 읽지 않아도 책꽂이에 꽂힌 책을 시트에 기록하고, 독서 앱을 활용해 정리하는 시간을 가질 것을 추천한다. 자신의 독서 성향을 데이터로 정리하고, 어떤 분야의 책을 읽을 것인가에 대해 독서 진로를 정해보자. 독서 앱에 기록을 하는 것에만 그치지 않고 월별로 어느 분야의 책을 읽었는지 독서 결산과 함께 추천 도서를 블로그에 기록하는 것도 지속적인 독서를 할 수 있는 동기가 된다.

앱을 활용한 나의 독서 기록

책꽂이 플러스의 독서 기록과 분석 데이터

월	책제목	지은이	출판사	가격	경로	경로2	별표	Remark
1	안녕, 나의 한옥집	임수진	어떤리에북스	#####	판교도서관	도서관	★★★★	ㅇ
1	방구석 미술관 2	조원재	블랙피쉬	#####	서평단	서평단	★★★★	ㅇ
1	어떻게 말해야 할까	오은영	김영사	#####	판교도서관	도서관	★★★★	ㅇ
1	그냥 하지 말라	송길영	북스톤	#####	밀리의서재	전자책	★★★	ㅇ
1	알로하, 나의 엄마들	이금이	창비	#####	판교도서관	도서관	★★★	ㅇ
1	만화로 읽는 아들러 심리학 1	이와이 도시노리	까치	#####	판교도서관	도서관	★★★	ㅇ
1	만화로 읽는 아들러 심리학 2	이와이 도시노리	까치	#####	판교도서관	도서관	★★★	ㅇ
1	글쓰기가 필요하지 않은 인생은 없다	김애리	카시오페아	#####	밀리의서재	전자책	★★★	ㅇ
1	어떤 죽음이 삶에게 말했다	김범석	흐름출판사	#####	구입	구입	★★★	ㅇ
1	미움받을 용기	고가 후미타케	인플루엔셜	#####	밀리	전자책	★★★★	ㅇ
1	창가의 토토	구로야나기 테츠코	김영사	#####	판교도서관	도서관	★★★★	ㅇ
1	말투 연습을 시작합니다	신경원	샘터사	#####	서평단	서평단	★★★	ㅇ
1	지금은 나만의 시간입니다	김유진	토네이도	#####	밀리의서재	전자책	★★★	ㅇ
1	여행의 이유	김영하	문학동네	#####	구입	구입	★★★★	ㅇ
1	남극에서 대한민국까지	김태훈	푸른들기	#####	서평단	서평단	★★★	ㅇ
1	팔리는 작가가 되겠어, 계속 쓰는 삶을 위해	이주윤	드렁큰에디터	#####	밀리의서재	전자책	★★★	X
1	이어령의 마지막 수업	김지수	열림원	#####	밀리의서재	전자책	★★★★	ㅇ
1	세상 끝 아파트에서 유령을 만나는 법	정지음	들녘출판사	#####	서평단	서평단	★★★★	ㅇ
1	엄마 속의 엄마를 떠나보내다	남유하	들녘출판사	#####	서평단	서평단	★★★★	ㅇ
1	클락워크 도배sh	황모과	들녘출판사	#####	서평단	서평단	★★★	ㅇ
1	어서오세요 휴넝동 서점입니다	황보름	클레이하우스	#####	밀리의서재	전자책	★★★★	ㅇ
1	선량한 차별주의자	김지혜	창비	#####	선물	선물	★★★	ㅇ
1	이동진 독서법	이동진	위즈덤하우스	#####	밀리의서재	전자책	★★★★	ㅇ
1	엑시트	송희창	지혜로	#####	구입	구입	★★★★	ㅇ
1	펄프픽션	류연웅 외	들녘출판사	#####	서평단	서평단	★★★★	ㅇ
1	톰 미다, 살아보자	나태주	한겨레출판	#####	서평단	서평단	★★★	ㅇ
1	너무 한낮의 연애	김금희	문학동네	#####	밀리의서재	전자책	★★★★	ㅇ
1	월급쟁이 부자로 은퇴하라	너나위	RHK	#####	구입	구입	★★★★	ㅇ
1	메타버스 세상의 주인공들에게	여상근	샘터사	#####	서평단	서평단	★★★	ㅇ
1	예비작가를 위한 출판백서	권준우	푸른향기	#####	서평단	서평단	★★★★	ㅇ
1	어쩌다 푸바	푸바택편다	푸른향기	#####	서평단	서평단	★★★	ㅇ
1	책 한번 써봅시다	장강명	한겨레출판	#####	밀리의서재	전자책	★★★★	ㅇ

월	서평단/선물	전자책/도서관	구입	권수
1	5	8	10	23
2	4	10	9	23
3	12	5	6	23
4	9	9	6	24
5	12	8	5	25
6	15	12	4	31
7	15	13	3	31
8	23	10	1	34
9	12	15	3	30
10	17	10	3	30
11	19	9	1	29
12	14	14	3	31
총 권수	157	123	54	334

독서 기록 앱을 바탕으로 엑셀 데이터로 바꾸는 법

나의 '왜'를 찾아서

'꿈 지도' 그리기

●

　　존 아사라프는 《부의 해답》에서 '끌어당김의 법칙'의 놀라운 힘에 대해 강조한다. 그는 이사하던 날, 예전에 잡지에서 보고 비전 보드에 붙여놓았던 사진 속의 저택이 본인이 이사 온 집이라는 사실을 알게 된다. 이에 놀라 본인이 원하는 것에 대한 끌어당기는 힘을 과학적, 심리학적, 뇌과학적 관점에서 조사하기 시작한다. 《부의 해답》의 메시지는 명확하다. 꿈을 이루는 데 중요한 건 '어떻게'보다 '얼마나 선명히 그 꿈을 그렸고 원했는지'에 달렸다. 원하는 것을 명확히 하고 끊임없이 생각하고 행동하면 무엇이든 이룰 수 있다는 것이다.

도서 블로그를 시작한 후 나는 독서와 글쓰기만을 한 것이 아니라 삶의 전반적인 부분을 살피기 시작했다. 그중에서 잘한 일 중 하나는 '꿈 지도'를 그린 일이다. 독서를 하는 사람들, 특히 자기계발서를 한 번이라도 읽은 사람들은 명확한 목표가 중요하다는 것을 알고 있다. 독서를 시작한 초반에는 명확한 목표가 중요하다고 마음속으로 알고만 있었고, 실제로 시간을 갖고 목표를 세워본 일은 없었다. 마음속으로 막연하게 '제주도에 가서 살아보고 싶다', '해외에서 자유롭게 살아보고 싶다', '내 이름으로 된 책을 내고 싶다', '부자가 되고 싶다'라고만 생각했다. 그 이면에는 '내가 과연 할 수 있을까?'라는 자기 불확실성이 있었다.

어느 날 복주환 강사가 신사임당 유튜브에 출연해서 사업이 망한 후 술로 인생을 보내다 돌아가신 아버지에 대한 이야기를 하는 영상을 보았다. "생각 정리법으로 인생이 변한 자신의 방법을 아버지께 알려드렸다면 아버지가 재기하실 수 있지 않았을까?"라며 아쉬워하는 복주환 강사를 보고 마음이 움직여 그의 온라인 강의를 들었다. 종이 한 장으로 하는 생각 정리법 10단계에서부터 만다라트로 인생 영역의 균형을 맞추는 방법, 장시간에 걸쳐 인생을 계획하는 법, 디지털 마인드맵인 알마인드 사용법 등을 배웠다. 나는 강의를 듣는 것에 그치지 않고 좀 더 적극적으로 직접 인생 계획을 적었다.

그때 적어두었던 만다라트를 활용한 3년 인생 설계 로드맵을 얼마 전에 열어보고 깜짝 놀랐다. 1년 전에 적어놓은 대로 몇 가지 목표들을 이루었고, 나머지는 진행 중이었기 때문이다. 만다라트는 일본 디자이너가 '목적을 달성하는 기술'이라는 기법으로 처음 개발하였고, 이를 일본의 유명한 야구선수 오타니 쇼헤이가 활용하여 엄청난 실력을 쌓은 도구로 유명해졌다. 인생 로드맵은 3년 후 내가 기대하는 성취 목표를 만다라트 양식에 적고, 연별로 3년 후의 최종 꿈을 이루기 위해 해마다 어떤 중간 목표를 달성해야 하는지 역산한다. 2021년 인생 로드맵을 그리고 있는 현재에서 2024년으로 타임머신을 타고 이룬 나의 꿈은 '베스트셀러 작가 되기, 월 5천만 원 파이프라인 구축, 제주도 마당 있는 집에서 사람들과 어울려 살기, 세계여행 하면서 에세이 쓰기' 등이다. 계획을 세운지 1년이 지난 후 점검하니, 2022년 계획을 세운 7개의 꿈 중제주살이, 책 쓰기, 블로그 코칭 시작까지 3개의 꿈이 달성되는 여정에 있었다. 처음 적은 인생 계획은 거창하고 막연했지만 선명히 그리는 꿈 지도의 중요성을 깨닫는 계기가 되었다.

경제적 자유를 누리고 싶은 사람들을 위한 코칭	경제적, 관계적, 시간적 자유를 위한 파이프라인 만들기	책 쓰기
제주도(혹은 해외)에서 디지털 노마드 삶 살기	디지털 노마드로 자유 누리며 살기	아이와 여행하며 에세이 쓰기
독서지도사 자격증	부족을 만들어 무조건 행복할 것	민화 전시회

핵심 목표 세우고 세부 목표 적기

뚜렷하게 목표를 적으니 꿈이 내 머릿속에 새겨져서 하루하루 꿈을 향해 의식적으로 혹은 무의식적으로 살게 되었다. 이를 깨달은 건 제주살이를 하면서다. 휴직하고 제주살이를 시작한 후 여태껏 무엇을 하는지도 모른 채 너무 바쁘게만 살았다는 느낌이 들어서 꿈을 구체적으로 다시 설계했다. 이전에도 몇 번 목표를 세우는 일을 시도해보았으나, 자기 확신이 없어 적어놓고 '정말 이루어지겠어?'라는 마음으로 한구석에 처박아놓았다. 하지만 이제 꿈에 대한 구체적인 시각화 작업이 중요하다는 것을 알게 되었으니, 더 선명하게 그리는 일이 필요했다. 꿈 지도 그리는 프로그램을 활용했더니 꿈이 더생생해졌다. 이전에 꿈 지도를 그려본 경험이 있기에 추상적인 꿈들은 지우고 구체화해서 최종 목표, 중간 목표 등의 타임라인도 지정해놓았다.

꿈은 성장한다. 무엇보다 구체적인 계획을 써놓은 꿈들

현재	미래(3년 후 계획)		
2021년	2022년	2023년	2024년
1. 한 달에 23~24권 독서 2. 블로그 서평 3. 세계여행 에세이 쓰기 4. 파이프라인 공부 (실습 추가) 5. 파이프라인 (월 천만 원) 6. 소설 습작 7. 독서지도사 자격증 공부	1. 제주 1년 살이 2. 파이프라인 (월 2천만 원) 3. 아이 방학마다 세계여행 (매년 4개월) 4. 소설 공모 5. 코칭 시작 6. 전자책 10권 제작	1. 파이프라인 (월 3천만 원) 2. 퇴사 3. 소설가로 등단 4. 코칭 강의 (부족 형성) 5. 민화 전시회 도전	1. 파이프라인 구축 완료(월 5천만 원) 2. 제주도에 마당 있는 집에서 사람들과 어울려 살기 3. 세계여행 하면서 에세이 쓰기

3년 후 계획 작성하고 로드맵 그리기

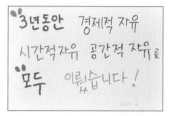

꿈 지도 달력 활용 예시

을 잘 보이는 곳에 두고 매일 보면서 확인한다. 꿈은 한 번에 만들어지지 않는다. 구체적으로 꾸고, 내 꿈의 키를 정기적으로 재어보는 작업이 중요하다. 꿈 지도의 중요성에 대해서 자세하게 이야기한 이유는 도서 블로그를 운영할 때 꿈 지도를 그리고 시작하면 도서 블로그를 운영하는 것만이 아닌, 전반적인 삶의 목표를 점검할 수 있기 때문이다. 보다 선명한 목표를 설정하고, 이를 이루기 위해서 신나는 여정을 즐길 수 있다. '독서 목표를 세우는 최종적인 이유는 무엇일까?', '도서 블로그 운영을 통해서 최종적으로 어떤 꿈을 달성하고 싶은가?',

'도서 인플루언서는 왜 되고 싶은가?'에 대한 질문은 결국 나의 '꿈'에 대한 질문이다.

꿈 지도를 그리는 툴은 여러 가지다. 만다라트를 활용할 수도 있고, 코르크 보드에 꿈의 이미지를 붙일 수도 있고, ppt 파일로 만들어 프린트한 뒤 보이는 곳에 붙여도 되고, 탁상 달력을 활용해서 그릴 수도 있다.

나는 만다라트 일부를 활용한 꿈 지도 그리는 법을 알려주고자 한다. 중앙에 핵심 목표를 설정하고 주변 8칸에는 이를 이루기 위해서 무엇을 부수적으로 해야 하는지 세부 목표를 적어보자(97페이지 표 참조). 또 다른 표에는 최종 목표를 이룰 달 혹은 날을 설정하고 역산해서 꿈을 이루기 위한 세부 목표들을 적어보자(98페이지 표 참조). 그리고 프린트해서 잘 보이는 곳에 붙여두자.

블로그 글쓰기 수강생들은 이 과제에 가장 많은 시간을 할애하고 어려워한다. 독서 진로에 대한 로드맵을 그리라고 했더니 어떤 수강생은 만다라트로 1년 계획이나 인생 설계를 했다. 핵심 목표를 둘러싼 세부 목표 8가지를 세우고 한 가지 목표씩 주기적으로 점검하는 착실한 수강생도 있다. 본인의 목표를 명확하게 세우고 지키기 위해서는 피터 드러커가 말한 SMART 기법(Specific, Measurable, Action, Realistic, Timely)을 활용하여 구체적인 목표를 설정하는 것이 좋다. 이는 측정, 달성, 실현 가능해야 하며, 무엇보다 기한을 정해 계획을 세워야 한다. 예를 들면, 3년 후에 경제적 자유를 이루겠다는 목표보다는 본인이 생각하는 경제적 자유는 월 어느 정도인지 고민하고 계산해서 구체적으로 작성하는 것이 좋다. 경제적 자유를 달성하겠다는 추상적인 목표가 어떤 도구를 활용하여 언제, 어떻게 수익을 창출할지까지 이어져야 한다.

미래 계획을 처음 작성하는 사람은 본인이 세워놓은 계획을 구석에 처박아놓을 가능성이 크다. 그러므로 본인이 세운 계획을 보이는 곳에 두고 계속 수정하는 작업이 필요하다. 다음 스텝은 나의 꿈을 선언하는 일이다. 꿈을 적고, 보고, 선언하면 그렇게 살게 된다. 휴직하기 직전에 앞으로 무엇을 할 예정이냐는 고등학교 동창의 질문에 책을 출간하겠다고 선언했다. 그 친구는 어떤 책이냐고 물었고, 나는 동기부여를 해주는 자기계발서를 쓰겠다고 했다. 그 꿈은 이 책을 쓰면서 이루어졌다.

도서 인플루언서 5개월 여정

최종 목표를 위한 작은 성공

•

도서 블로그를 시작한 지 5개월 만에 네이버 도서 분야 인플루언서가 되었다. 두 번의 거절 메일 후 세 번째 신청에서 최종 승인을 받았다.

도서 리뷰를 시작한 지 2개월이 안 되어 도서 인플루언서에 지원했다. 도서 분야에서 활동하고 있으니 목표가 명확했다. 2개월이 되지 않아 도서 리뷰도 많지 않았지만 안 되면 그만이라는 마음으로 지원했다. 당연히 탈락되었지만 큰 기대가 없었기에 첫 도전은 아쉽지 않았다. 매일 도서 리뷰를 할 수 없으니 일상 글을 올리기도 했다. 그러다가 세계 34개국 방문 기록을 블로그에 시리즈로 연재하기 시작했다. 도서 리뷰 기록이 계속 쌓이고 방문자수도 증가하자 자신이 생겼다. 첫 인플루언서 지원 탈락 2개월 후에 재도전했다. 포스팅도 매일 했고, 방문자도 하루에 500~1000명까지 되었으니 당연히 승인받을 줄 알았다. 하지만 두 번째 도전도 탈락이었다.

"지원하신 주제와 운영 중이신 채널을 성실히 검토하였으나, 콘텐츠와 주제의 연관성, 채널의 활동성에서 다소 판단이 어려운 부분이 있어 인플루언서 검색에 함께하지 못한 점 양해 부탁드립니다."

이번에는 거절 메시지를 자세히 살펴보았다. 내가 블로그에 올리고 있는 글을 다시 점검했다. 1주일에 4번 이상 도서에 관한 글을 올리긴 했지만, 일상과 세계여행 글이 더 많았다. 도서 리뷰를 1주일에 3~4번에서 5~6번 정도로 늘리고, 매일 연재하던 34개국 세계여행 글을 1주일에 한 편으로 줄였다. 두 번째 탈락 후 1개월 동안 누가 방문해도 도서 블로거라고 알 수 있게 도서와 관련된 글을 자주 올렸다. 1개월 후 세 번째로 도서 인플루언서에 도전했고, 드디어 합격했다. 도서 블로거가 된 지 5개월 만에 이룬 성과였고, 작은 성공의 경험이 하나 추가되었다.

인플루언서 센터가 인플루언서가 되는 확실한 팁을 알려주지는 않는다. 내가 생각한 인플루언서 자격 요건은 간단했다. 전문성을 갖춰야 한다는 것이다. 그렇다면 도서 블로그의 전문성은 무엇일까? 바로 책을 읽고, 리뷰하고, 소개하는 질 좋은 글을 꾸준히 블로그에 올려야 한다. 단순히 말하면, 도서 인플루언서로 활동하고 싶다면 도서 관련 글을 메인으로 올리면 된다. 1주일에 4권 이상의 책을 읽고 도서 리뷰를 남겨야 한다는 사실에 부담을 가질 수도 있다. 하지만 도서 인플루언서는 꼭 읽은 책만을 소개하는 사람이 아니라, 책에 관련한 글을 다방면으로 쓸 수 있는 사람이다.

신간 소개, 온라인·오프라인 베스트셀러 순위, 도서 분야별 큐레이션도 도서와 관련한 포스팅이다. 도서 블로그 이웃 중 읽은 책만을 포스팅하면서 인플루언서에 여러 번 도전하였으나 실패하는 경우도 있었다. 그 이웃은 전략을 바꿔서 신간 소개를 매일 포스팅하고, 1주일에 한 번 정도 본인이 읽은 책을 리뷰했다. 그랬더니 바로 인플루언서 승인을 받았고, 지금도 같은 포맷을 유지하며 글을 올리고 있다.

'네이버 인플루언서 되는 법'이라는 유튜브 강의를 본 적이 있다. 해당 유튜버는 이웃수나 방문자수가 일정한 조건을 갖추어야 한다고 했다. 하지만 나의 생각은 다르다. 도서 인플루언서가 되기 위해서 도서 전문성이 드러나는 포스팅을 지속해야 한다는 점은 확실하지만, 이웃수나 방문자수가 필수조건은 아니다. 다른 분야는 모르겠지만, 도서 인플루언서는 이 조건이 크게 영향을 주지는 않는다. 하루 방문자가 30명이 조금 넘는 도서 블로거가 네이버 도서 인플루언서가 된 예도 실제로 보았다. 이웃과 방문자수가 적어도 도서 인플루언서에 성공한 도서 블로거는 조회수를 높이기 위한 키워드 찾기와 포스팅 수로 힘을 빼지 않았다. 대신 양질의 도서 리뷰를 꾸준히 올리면서 이웃 도서 블로거를 꾸준히 찾아가 공감과 댓글을 남기는 일을 더 열심히 했다.

이웃활동을 열심히 한다는 의미는 자신과 비슷한 분야 이웃들과 소통해야 한다는 뜻이다. 단순히 수를 늘리기 위한 허울뿐인 이웃은 허수다. 블로그의 글을 읽지도 않고 '좋아요'를 누르는 사람이 많다면 이는 블로그 지수를 높이는 체류 시간에 영향을 준다. 물론 네이버에서는 공식적으로 글을 읽지 않고 공감만 눌러도 블로그 품질에는 영향을 주지 않는다고 답변했다. 하지만 글을 읽은 사람이 100명인데 '좋아요'를 누른 사람이 200명이 넘는다면 블로그 품질의 조건인 체류 시간에 영향을 줄 것이다. 허수의 이웃이라는 의미다.

내가 5개월 만에 인플루언서가 될 수 있었던 건 인플루언서가 꼭 되어야겠다는 목적의식이 있었기 때문만은 아니다. 전부터 꾸준히 실천하는 분야가 독서였기 때문에 도서 분야에서 글을 계속 발행할 수 있겠다는 편안한 마음이 있었다. 시작하기 전부터 원대한 목표를 세우면 빨리 지치기 마련이다. 그러기보다는 지속적인 독서를 실천하다가 본인이 진짜 준비가 되었을 때 인플루언서에 신청한다고 생각한다면 마음이 편하다. 최종적으로 이루고자 하는 목표를 설정하고, 인플루언서는 최종 목표로 가기 위한 과정 중의 작은 성공으로 삼았으면 한다. 《매일 아침 써봤니?》 김민식 작가는 티스토리 블로그에 5년간 매일 글을 쓰다가 《영어책 한 권 외워봤니?》를 출간했고 그 책은 베스트셀러가 되었다. 성과를 바라고 블로그를 했다면 힘들었을 일인지도 모른다.

무엇보다 독서와 함께 블로그에 도서 리뷰가 쌓이는 시간을 즐기고, 성장을 원하는 마음을 가졌으면 한다.

부캐의 **첫 월급**은 2만 6천 원

꿈유에게 찾아온 숫자들

블로그 시작 5개월 만에 도서 인플루언서, 4개월 만에 브런치 작가, 1년 반 만에 월 수익 100만 원, 2년 반 동안 800권이라는 독서 기록이 쌓였다. 나에게 찾아온 의미 있는 숫자들이다.

블로그를 운영하면 애드포스트라는 광고 수익을 낼 수 있다. 블로그를 개설한 지 90일 이상, 포스팅 50건 이상, 일평균 방문자가 100명이 넘어야 한다는 조건이 있다. 나의 경우 블로그는 2002년에 개설했고, 포스팅 건수도 50건 이상이었는데, 일 방문자가 20명도 되지 않았다. 일 방문자가 100명이 되자, 네이버 광고 달기(이하 애드포스트)를 신청했으나 거절당했다. 한 달 평균 방문자가 100명이 되지 않았기 때문이다. 블로그를 본격적으로 시작한 지 3개월 차에 접어들자, 애드포스트를 신청했고 승인받았다. 그리고 첫 달에 2만 6천 원의 수익을 달성했다. 블로그 광고를 달면 치킨값은 번다더니 정말 치킨값을 벌었다. 네이버 애드포스트는 5만 원 이상이 되어야 현금으로 입금을 해주기 때문에 수익 첫 달은 가상의 돈이었다. 월급에 비하면 아주 미미했지만, 내가 좋아하는 일을 하다가 번 돈이라서 설레고 신기했다. 블로그에 글을 써서 처음으로 월급 외 수익을 달성하니 온라인 빌딩이라는 말이 어떤 의미인지 실감할 수 있었다. 부캐의 첫 월급은 2만 6천 원, 처음으로 달성한 작은 성공의 숫자였다.

블로그를 시작한 지 5개월 만에 도서 인플루언서로 선정되었고, 3개월 후에는 월 38만 원의 월급 외 수익이 생겼다. 원고료와 네이버 애드포스트 등으로 얻은 수익이 늘면서 도서 인플루언서로 활동한 지 9개월 만에 80만 원을 달성하였고, 휴직 후에는 블로그 특강 요청이 들어와서 이를 합쳐 최대 300만 원의 수익을 달성할 수 있었다. 인플루언서가 된 지

2년 만에 이룬 성과다. 물론 인플루언서가 되면 더 큰 수익이 따라올 것으로 예상하는 사람들도 있을 것이다. 하지만 내가 좋아하는 독서와 글쓰기, 블로그로 자연스럽게 수익이 따라올 수 있다는 것을 실제로 테스트해볼 수 있었기에 만족했다. 작은 성공이 쌓였기 때문에 다른 기회를 잡을 수 있다는 확신과 자신감이 생겼다.

한동안, 20년간 34개국을 다닌 이야기를 정리하고자 하는 마음만 가득했었다. 블로그라는 채널이 있었기에 '쓰면 되지!'라는 생각으로 '뒤죽박죽 세계여행기'를 블로그에 연재하기 시작했다. 이 글을 브런치로도 옮겼고, 4개월 만에 브런치 작가에 선정되었다.

현재 도서 블로그에는 2년 반 동안 800권이 넘는 도서 리뷰 기록이 쌓였다. 매일 책을 읽고, 기록하는 일은 쉽지 않다. 책 1권을 완독하기도 어렵고, 완독한 책 대부분을 리뷰하는 일은 훨씬 더 어렵다. 읽은 책을 이해하고 자신의 언어로 표현하여 적어야 하기 때문이다. 완벽하게 독서 습관이 자리 잡은 나 역시 도서 리뷰를 할 때마다 부담을 느낀다. 하지만 이를 시스템화해서 꼭 해야 하는 일로 정했기 때문에 무슨 일

도서 리뷰 권수

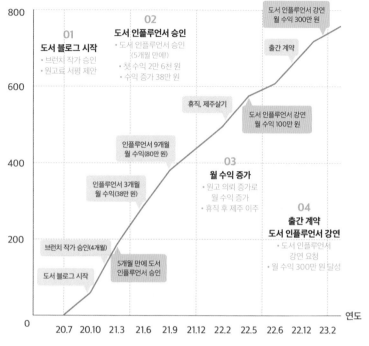

꿈꾸는 유목민 타임라인

이 있어도 하루에 1권 도서 리뷰를 한다. 읽은 책을 기록하지 않으면 나중에는 책 제목마저 생각나지 않는다. 당연히 내용도 생각나지 않고 희미하게 정서만 남는다. 도서 블로그를 시작하기 전 나의 모습도 그랬다. 도서 리뷰를 시작하고부터는 읽은 책을 다시 한번 음미하고 되돌아보는 시간을 가지게 되었다. 그 기록들이 블로그에 쌓였다. 도서 리뷰를 한 모든 책을 정확하게 머릿속에 기억할 수는 없지만, 언제든 블로그에서 꺼내 볼 수 있다. 아무리 책을 많이 읽어도 독서 기록을 하지 않으면 시간이 흘러 읽은 책이 제로가 될 수도 있다.

나에게 찾아온 숫자들은 꾸준히 읽는 독서량, 글쓰기의 양, 블로그의 포스팅, 수익, 그리고 지나온 날들이다. 단순한 숫자들이 나를 보여준다고는 할 수 없지만, 앞으로 다가올 여정의 동행이 되어주고 있다.

쉬운 책, 어려운 책을 가리지 않았다. 일단 독서를 계속했다.
컨디션에 따라서, 스케줄에 따라서
매주 읽을 수 있는 양이 다르다는 것을 인정했다.
작심삼일이라도 괜찮았다.

Part 3

도서 인플루언서
되는 독서 술법

작심삼일 독서법

3일마다 다시 하면 계속하는 것과 같다

독서 앱으로 진로를 탐색하고 난 후에는 독서 목표를 정해야 한다. 독서 목표를 세운다는 건 '본격적으로 독서에 돌입하겠다'는 뜻이다. 계획 없이 무작정 읽던 때와는 다른 마음가짐이 필요하다. 본인의 독서 성향을 이미 파악하고 있다면 이에 맞게 독서 목표를 설정하면 된다. 1주일에 1권 독서가 가능한 사람은 조금 무리해서 1주일에 2~3권의 목표를 설정해 본다. 그렇게 목표를 세우면 작심삼일이 될 게 분명하다고? 그래도 괜찮다. 목표를 세운 자신과의 약속을 지키지 못했다고 좌절할 필요도 없다. 작심삼일이 반복되면 계속하는 것과 같은 효과가 되기도 한다.

　　다만 한 달에 1권만 읽겠다는 목표는 독서를 취미 삼아 시간 날 때만 하겠다는 결심과 같다. 이는 느린 독서와는 엄연히 다르다. 느린 독서는 책 1권을 정하고, 1장씩 읽고 생각하고 적으며 실천하는 독서다. 마음과 몸에 새기는 독서다. 느린 독서로 1권의 책을 읽고 나면 여러 권의 책을 읽은 효과를 내기도 한다. 사람에 따라서는 느린 독서가 맞는 사람도 있다. 하지만 여기서 말하는 한 달에 1권만 읽겠다는 목표는 느린 독서와는 다른, 책을 읽는 행위에만 그치는 독서를 의미한다. 한 달이라는 긴 기간에 시간 날 때만 잡아서 읽으니 흐름이 끊길뿐더러 앞의 내용도 생각나지 않는다. 즉 독서로 변화를 바라는 사람이라면 적극적인 독서 계획을 세워야 한다. 1권의 책은 집중해서 단기간에 읽어야 흐름이 끊기지 않는다.

　　처음 세운 나의 독서 목표는 1주일에 5권이었다. 한 달에 1권도 읽지 않았는데 1주일에 5권이라는 무리한 독서 목표를 세웠다. 《1천 권 독서법》 전안나 작가의 영향이 컸다. 그녀처럼 1주일에 7권은 못 읽어도 5권은 읽을 수 있겠다고 생각했다. 1주일은 주말까지 포함되기 때문에 주말 하루 남편이 아이를 볼 때 적극적으로 독서를 했다. 목표를 세우니, 약 3주간의 도전이 독서의 지속성을 가름하는 가장 중요한 기간이 되었다.

첫 주에는 쉬운 책을 골라 3권을 읽었다. 5권 독서를 목표로 세웠으나 3권도 만족스러웠다. 한 달에 1권도 읽지 못했는데 3권이나 읽었다며 뿌듯해했다. 독서 초보자가 본인에게 맞는 책을 선정하는 일은 어렵다. 나 또한 초반에는 어떤 책을 읽어야 할지 몰라서 잡히는 대로 골랐다. 1주 차는 3시간 강의에서 만난 책 쓰기 강사의 저서를 읽었다. 회사 전자도서관에서 전자책으로 현재 나의 마음을 대변하는《회사가 나를 미치게 할 때 읽어야 할 31가지》를 읽었다. 평소 정유정 작가의 소설을 탐닉하는데, 구매해놓고 책꽂이에만 있었던《정유정, 이야기를 이야기하다》를 읽었다. 지금까지 그녀가 소설들을 쓰게 된 배경을 담은 에세이였다. 손에 잡히는 대로 아무 책이나 골라 읽었다. 독서 습관을 잡기 위한 독서 시동 걸기였다. 독서는 무조건 재미있어야 한다. 억지로 하는 독서는 도움도 되지 않을뿐더러 인생의 변화를 가져오지도 않는다.

2주 차에는 책 쓰기 강사가 추천했던 책 속의 책 중에서 제목을 보고 읽고 싶은 책을 골랐다. 2주 차에는 6권의 책을 읽었다. 소설 1권, 육아서 2권, 독서법 2권이었다. 1주 차에 3권을 읽었지만 2주 차에는 6권을 읽었기에 이전 주의 미달성 목표를 보충할 수 있었다. '시간을 만드니 1주일에 6권을 읽을 수 있네?' 자신감이 붙었다. 3주 차에 4권을 읽었지만 괜찮았 다. 4주 차가 있었기 때문이다. 이런 식으로 목표 달성하지 않 아도 다가오는 다음 주를 기대했다. 책을 선정할 때 처음 기준 은 직관이었다. 나에게 영향을 준 사람의 추천 책도 나에게 맞 지 않을 수 있다. 책 추천이 쉽지 않은 이유다. 본인에게는 영 향을 준 책이 다른 사람에게는 별 감흥이 없을 수 있기 때문 이다.

쉬운 책, 어려운 책을 가리지 않았다. 일단 독서를 계속 했다. 컨디션에 따라서, 스케줄에 따라서 매주 읽을 수 있는 양이 다르다는 것을 인정했다. 작심삼일이라도 괜찮았다. 시간 이 날 때 독서하는 것보다 시간을 내서 독서한다는 생각만 있 으면 반은 따라왔다. 한 달에 평균 20권을 넘게 읽으니 1주일 에 5권 독서라는 목표를 달성할 수 있었다. 무작정 읽은 책의 수에 집착하지 않아도 된다. 중요한 건 조금 무리한 독서 목 표, 독서가 일상이 된 생활, 집중하는 독서의 실천에 있다.

작심삼일 독서법은 '꼬마야 꼬마야' 줄넘기 놀이와 비슷하다. 양쪽에서 돌려주는 긴 줄넘기에 들어가서 몇 번 좌절한 후에 리듬을 타면 자연스러워지는 놀이와도 같다. 처음에는 삐끗거리기도, 넘어지기도 하지만 시간의 흐름을 타면 자연스러워진다. 독서는 작심삼일이 사흘마다 반복되는 놀이다.

장비발 세우는 법

멋있어 보여야 오래오래 한다

．

무엇이든 멋있어 보여야 오래오래 한다. 운동도 장비가 받쳐주면 신나게 할 수 있는 것처럼 독서도 장비가 필요하다. 이렇게 말하면 거창한 장비를 떠올릴지도 모른다. 하지만 내가 말하는 장비란 아웃포커싱이 잘되는 DSLR 카메라, 노이즈 캔슬링이 되는 블루투스 이어폰 등이 아니라 독서할 때 간단하게 필요한 것을 말한다. 독서에 장비라니, 책만 있으면 되지 어떤 게 더 필요할까 의문을 가질지 모르겠다. 독서 장비가 거창해 보인다면 독서를 위한 준비물이라고 생각해보자. 더 가볍게 시작할 수 있다.

책을 아무리 많이 읽어도 삶에 별다른 변화가 없다고 느끼던 차였다. 책은 오감으로 읽어야 인생이 변한다는 《인생의 차이를 만드는 독서법, 본깨적》을 읽고 바로 실천에 들어갔다. 그동안 책을 눈으로만 읽었다. 내 생각을 적지도, 인생에 적용하지도 않았던 것이다. 나는 독서법을 바꾸기로 했다. 필사 독서를 위해 독서 장비를 샀다. 내가 구입한 독서 장비는 필사 노트, 하이테크 펜, 인덱스, 포스트잇, 무지개 색연필이다. 시중에서 쉽게 구할 수 있을뿐더러 비싼 돈이 들지 않았다.

책을 읽다가 기억하고 싶은 부분이 있으면 기록할 필사 노트와 펜이 필요했다. 가장 중요한 건 종이의 질감이었다. 실컷 구입했다가 종이의 질감이 좋지 않다는 이유로 앞 장만 사용하고 내팽개치는 바람에 가만히 구석에서 뒹구는 노트들이 많았다. 매일 모닝페이지를 써보겠다고 노트를 2권이나 구입하고 종이의 질이 너무 좋지 않아 반 정도 쓰다가 중단한 적도 있었다. 핑계라고 생각할지 모르겠지만 노트의 질감이 좋았다면 더 오래 아침 일기를 썼을지도 모른다고 생각한다. 질 좋은 노트에 필사하고 싶어 검색했으나 직접 만져보지 않고는 실패할 확률이 높았다. 하지만 마음먹은 김에 빨리 시도해보고 싶어서 인터넷 쇼핑몰에서 가장 평이 좋은 노트를 주문했다. 운좋게도 원했던 질감이었다. 필사 노트 구입은 성공적이었다.

펜은 고등학교 때부터 즐겨 쓰던 하이테크 펜을 골랐다. 하이테크 펜은 비싸고, 꾹 눌러쓰면 펜촉이 잘 나가서 초반에 길을 잘 들이지 않으면 사용할 수가 없다. 하지만 글씨도 예쁘게 써지고, 질 좋은 노트를 만나면 펜촉의 길도 잘 들일 수 있다. 문구점에서 구입하는 것보다 인터넷 쇼핑몰이 저렴했다. 나는 0.25mm 굵기의 촉이 가장 얇은 검은색 혹은 남색 하이테크 펜을 5개씩 구입해 사용하는 중이다.

다음에 필요한 건 인덱스와 무지개 색연필, 포스트잇이었다. 어린 시절부터 교과서 외의 책은 깨끗하게 다뤄야 한다고 생각했다. 다른 사람이 책을 빌려갔다가 지저분하게 돌려주면 그렇게 속상할 수가 없었다. 책에 낙서하지 않고 깨끗하게 읽으면 뿌듯했다. 《인생의 차이를 만드는 독서법, 본깨적》에서는 책의 중요한 부분에 박스를 치고 밑줄 긋고 느낀 점을 적으라고 한다. 책은 깨끗하게 봐야 하는 나에게 작가가 추천해준 독서법은 충격 그 자체였다.

처음에는 책에서 알려준 대로 메모를 하고, 줄을 그으며 읽었다. 그러나 한 달에 25권 이상을 읽으니 쌓이는 책을 감당할 수 없었다. 읽은 책은 대부분 중고 서점에 되팔거나 선물할 예정이었다. 그러니 후에 책을 읽을 사람들을 위해서라도 책에 낙서할 수가 없었다. 책은 지저분하게 봐야 한다고 뛰어난 독서가들은 조언한다. 소장용일 때는 당연히 그렇게 읽는 게 좋겠지만, 책을 처분해야 하는 상황에서는 남에게 줄 수도 없어 쓰레기가 되고 만다. 고민 끝에 내가 택한 방식은 독서를 하면서 인덱스와 포스트잇을 활용하는 것이었다. 책에 직접 적지는 않지만 기억하고 싶은 부분에 인덱스를 붙일 수는 있다. 읽다가 소장하고 싶은 책이 있다면 인덱스를 붙이고, 무지개 색연필로 줄을 치고, 그 부분을 필사 노트에 페이지까지 함께 적는다. 왜 무지개 색연필이냐고 묻는 사람도 있는데, 이건 순전히 개인의 기호다. 연필이나 볼펜으로 꾹 눌러서 줄 쳐 있는 책보다는 눈이 즐겁기 때문이다. 무지개 색연필 대신에 형광펜을 사용할 수도 있다. 무지개 색연필은 1자루에 약 950원으로, 5개를 미리 함께 구입해서 사용한다.

분류 플래그 혹은 인덱스는 인터넷 쇼핑몰에서 1세트를 구입하면 3개월 정도 사용할 수 있다. 대여한 책들은 인덱스를 붙이고 반납할 때 떼서 다시 사용할 수 있다. 기록해두고 싶은 페이지에 인덱스를 붙이고, 깨달은 부분이 있다면 포스트잇에 적어서 해당 페이지에 붙여놓는다.

가장 마지막으로 준비한 독서 장비는 아이패드, 아이패드 펜슬, 굿노트 앱이다. 아이패드는 그림을 그리려고 구입했는데 독서 노트로 오히려 더 잘 활용했다. 애플 스토어에는 굿노트 앱이 있다. 굿노트는 실제 노트와 같다. 가는 줄, 굵은 줄부터 백지까지 다양한 양식이 있고, 사진이나 그림도 자유자재로 붙일 수 있다. 아이패드 펜슬로 필사하면 사각사각거리는 질감이 꼭 노트에 적는 느낌이고, 펜슬의 색깔도 자유롭게 선택할 수 있으며, 형광펜 기능도 있다.

애독가, 애서가들은 만년필, 책갈피나 독서대, 북레스트 등 다양한 독서 장비를 구비한다. 독서 장비는 독서에 크게 영향을 끼치지는 않지만, 독서를 효율적으로 할 수 있게 도와준다. 펜이나 색연필, 포스트잇 등을 다양하게 구비하면서 본인에게 맞는 스타일을 찾으면 독서를 좀 더 즐겁게 오래오래 할 수 있다.

문어발 독서법

한 우물만 파면 빨리 지친다

친한 직장 동료에게 독서의 즐거움에 대해서 침을 튀기며 이야기한 적이 있다.

"그러니까 프로님, 독서를 시작하면 어때?"

"책 읽고 있지, 박경리의 《토지》. 그런데 진도가 잘 안나가."

이야기를 들어보니 직장 동료는 《토지》 외에도 가끔 독서를 하는데, 선택한 책은 한 호흡으로 읽어 내려가기 어려운 것이 대부분이었다. 이럴 경우 쉽고 재미있게 읽을 수 있는 책들을 중간에 넣어주는 방법이 효율적이다. 예를 들어, 긴 호흡이 필요한 대하소설《토지》를 읽고 있다면, 진도가 잘 나가지 않을 때 흥미로운 다른 책을 선택해 중간에 읽는 것이다.

문어발 독서법, 즉 병렬 독서법은 1권의 책을 모두 읽고 다음 책으로 넘어가는 방법이 아니라, 여러 권의 책을 함께 읽는 방법이다. 어려운 책을 골라 겨우겨우 읽다가 독서를 아예 접기보다는 가볍게 읽을 수 있는 책에서부터 필사가 필요한 책까지 다양하게 함께 읽는다. 나도 처음에는 1권의 책을 모두 읽은 후 도서 리뷰를 쓰고, 그다음 책으로 넘어갔다. 좋은 책이지만 문장이 어려워 읽는 속도가 느린 책을 접하면 다음 책을 얼른 읽고 싶은 마음에 독서할 때 집중이 잘 되지 않았다. 그럴 때 선택한 병렬 독서법은 넓은 독서를 할 수 있는 계기가 되었다. 도서관에서는 다양한 책을 빌려와 쌓아놓고 2주 동안 읽을 수 있는 책, 끌리는 책, 필요한 책 위주로 읽는다. 빌려온 책을 억지로 다 읽을 생각은 하지 않는다.

필사하고 싶을 만큼 좋은 책을 만나면 긴 호흡으로 읽어도 중간에 다른 책을 읽을 수 있다는 생각에 그 책을 읽을 때는 집중해서 읽는다. 적용해야 할 부분을 생각하며 읽으면

1권의 책을 읽는 데 1주에서 3주가량 소요되기도 한다. 집중해서 읽는 일이 힘든 날은 잠시 긴 호흡의 책을 두고, 평소에 좋아하는 소설이나 에세이를 읽는다. 소설이나 에세이는 흐름이 끊겨도 금방 이어서 읽을 수 있고, 재미있는 책을 만나면 한자리에서 완독할 수도 있다. 흥미로운데 지루한 영화를 보면 졸린 것처럼 읽다가 졸음이 오는 책도 더러 있다. 잠자기 아쉬울 때는 책장에 있는 재미있는 책들을 골라서 보거나 밀리의 서재 베스트셀러를 골라서 읽는다.

예를 들면, 성공이 무엇인지 철학적으로 물어보는 《와튼 스쿨은 딱 두 가지만 묻는다》를 필사하며 읽은 기간에 《법정의 고수》라는 법조인의 에세이를 완독했고, 수지가 주연한 드라마로 유명해진 〈안나〉의 원작 《친밀한 이방인》을 가볍게 읽었다. 스토리 중심의 이야기를 많이 읽으면 다시 자기계발서를 읽고 싶은 마음이 생긴다.

외출을 할 때는 꼭 2권 이상의 책을 가방에 넣어서 다닌다. 첫 번째 책이 눈에 들어오지 않으면 두 번째 책을 선택해 읽는다. 아이 피아노 학원 시간이나 운동하는 시간 동안 휴대폰을 보는 대신 책을 읽는다.

이런 방법으로 나는 현재 다독의 기쁨을 누리고 있다. 1권의 책을 깊이 읽는 것도 중요하지만, 깊이를 갖기 전에 독서의 지평을 넓히는 일도 중요하다고 생각한다.

《닥치는 대로 끌리는 대로 오직 재미있게 이동진 독서법》에서는 전문성과 깊이도 중요하지만, 무엇보다 독서의 넓이를 갖추는 일이 중요하다고 말한다. 넓이가 있어야 특정 영역을 깊이 있고 전문적으로 파고 들어갈지 결정할 수 있다. 즐거워야 할 독서에 이미 무게가 들어가면 책을 옆에 두는 것도 부담스러울 수 있다. 깊이를 갖추려면 넓이 있는 독서를 먼저 시작하는 것도 방법이라는 독서 전문가의 조언에 힘을 얻었다.

어느 날 '배달의 민족' 김봉진 CEO의 세바시 강연을 보았다. "제가 왜 독서를 하냐구요? 있어 보이려고 하는 거예요, 제가 왜 있어 보이려고 할까요? 없으니까요." 그는 매주 1권씩 페이스북에 본인이 읽은 책을 올리면서 지속적인 독서 습관이 생겼고, 이를 10년간 지속하면서 진정 '있는 독서가'가 되었다고 한다. 지적 허영심을 채우기 위한 있어 보이는 독서 또한 잘못된 방향이 아니었던 것이다. 다른 사람의 말에 신경 쓰지 않고 본인의 방식대로 지속하는 독서 습관이 필요한 것뿐이었다. 처음부터 본인의 문해력에 맞지 않는 책을 계속 읽으려고 하면 독서를 쉽게 포기하는 일이 생긴다. 독서의 지평을 넓히면 깊어지는 독서를 하는 날이 온다. 다양한 분야의 책을 다독하면, 분명 깊이 있는 독서를 하고 싶은 분야가 생긴다. 그때 깊은 독서를 하면 지금까지 읽어온 많은 책이 점이 되어 선으로 연결되는 지점이 온다. 뇌과학, 치매, 건강에 관한 책을 읽고 심리학책을 읽으면 심리학에서 말하는 우울감은 산책으로 치유될 수 있다는 말에 대해 쉽게 이해할 수 있다. 이처럼 다양한 분야의 책을 섭렵하며 다독의 지평을 넓혀가다 보면, 결국 모든 학문이 연결되었다는 것을 알 수 있다.

여러 권의 책을 함께 읽는 병렬 독서는 깊이를 갖추고, 넓은 독서를 하기 위한 방법이라고 생각한다. 한 우물만 파면 빨리 지친다. 지치지 않고 지속하는 비법은 재미있고 즐거운 독서를 하는 것이다.

협동 독서법

북클럽·북토크, 같이 읽으면 더 재밌다

　나는 남들 앞에서 말하는 걸 두려워하는 사람이다. 회사의 공식적인 보고 자리에서도 혀가 꼬여 잔뜩 메모해놓고도 제대로 말하지 못한다. 그래서일까? 책을 읽고 토론하는 일은 나에게 매력적이지 않았다. 책을 읽는 일과 읽은 책을 말하는 일은 다르다고 생각했다. 그랬기에 독서 모임에 대해서는 긍정적으로 생각하지 않았다. 그런 내가 독서 모임에 가입해야겠다고 생각을 바꾼 건 1주일 5권씩 읽는 책이 쌓이면서부터였다. 특히 독서법에 대한 책들은 '독서 모임'의 장점에 대해서 피력한다. 독서 모임에 처음부터 관심이 없었던 터라 처음에는 읽고 넘겼지만, 문득 어느 날 새로운 시도를 하고 싶었다.

아무 독서 모임이나 들어가고 싶지 않아서 인터넷으로 여러 번 조회하고 포기하기를 반복했다. 그러던 어느 날《김미경의 리부트》를 읽고 김미경 강사의 MKYU라는 디지털 교육 플랫폼에 가입했다. 김미경 강사의 유튜브 채널을 즐겨봤는데, 지역별로 독서 모임인 북클럽이 있다는 걸 알게 되었다. 자기계발을 위해 모이는 유료 플랫폼 채널이니만큼 신뢰할 수 있었기에 지역 북클럽에 가입했다.

나의 첫 북클럽 책은《달러구트 꿈 백화점》이었다. 모임 전에 이미 읽은 책이었고, 블로그로 도서 리뷰도 했었기에 독서에 대한 부담은 없었다. 하지만 처음 만나는 사람들은 부담이었다. 걱정이 무색하게도, 독서 모임은 성공적이었다. 북클럽 멤버들은 나처럼 독서를 좋아하고 자기계발에 충실한 분들이었다. 첫 만남에서 우리는 자신의 꿈에 대해서, 본인의 아픔에 대해서 진솔한 이야기를 나누는 시간을 가졌다. 이날은 처음이자 마지막 오프라인 만남이었다. 다음 모임부터는 코로나19로 줌으로 대체되었다. 처음에는 온라인 모임이 어색했지만 우리는 금세 적응했고, 1년 반 동안 온라인 북클럽을 이어나갔다. 독서 모임에서는 2주에 한 번 책을 읽고, 당일에 제비뽑기해서 이야기 순서를 정했다. 한 사람에게 주어진 시간은 10~15분. 알람을 맞춰놓고 책을 읽고 본인이 나누고 싶은 이야기를 한다. 한 사람의 이야기가 끝나면 한 명씩 돌아가면서 코멘트한다. 절대 빡세지 않은 북클럽이다.

나는 이 모임을 '느슨한 연대의 독서 모임'이라고 표현한다. 책을 다 읽지 않아도 다른 사람의 이야기를 듣기 위해, 타인에게 에너지를 얻고 싶어서 토요일 이른 아침 7시에 눈을 비비며 일어나 식탁에 앉았다.

전업주부로 살다가 고3 딸이 수능 준비하는 데 같이 공부하는 모습을 보여주겠다고 참여한 멤버, 워킹맘으로 매일 바쁜 일상을 지내며 텔레비전만 보고 무의미하게 살다가 참여한 멤버, 프리랜서, 나 같은 직장인 등 다양한 직업과 환경을 가진 구성원들이 함께했다. 1년 반의 시간 동안 독서 모임 멤버들은 크고 작은 본인들만의 성과를 이루어가고 있다. 환경운동가 자격증을 따고 숲 체험 강사가 된 분, 유튜브를 시작하여 성과가 나고 있는 분, 재취업에 성공한 분, 건강을 위해 다이어트를 시작하면서 보디 프로필을 찍기도 하고 책 출판 계약을 한 분 등 다양하다. 나는 오랫동안 염원했던 제주도 1년 살기를 아이와 함께하며 글을 쓰는 일상을 살고 있다. 2주일에 한 번 있는 북클럽으로 삶이 변화되었다는 의미가 아니다. 변화하는 삶 속에서 독서를 함께했기 때문에 가능한 일이었다.

　　같은 책을 읽은 사람들과 책에 대한 이야기를 나누어보면 함께 이야기를 나누는 힘이 얼마나 큰지를 알게 된다. 다른 사람과 감상을 나누는 것이 부담스럽고, 무식이 탄로 날까 염려도 되어서 독서 모임을 꺼리는 사람도 많다. 나처럼 사람들 앞에서 생각을 정리해서 말하는 일이 어렵다고 생각할 수도 있다. 하지만 책을 함께 읽으면 놀라운 변화가 찾아온다. 평소에는 눈길 한번 주지 않았던 분야를 북클럽 사람과 같이 읽으면서 시야가 트이기도 한다. 같은 책을 읽어도 구성원의 수만큼 다른 이야기가 나오기도 하기에 생각의 유연성도 장착된다. 즉 북클럽으로 나의 삶이 또 한번 확장되는 경험을 할 수 있다. 자기계발을 위한 북클럽, 《토지》나 《빨강머리 앤》 같은 시리즈를 함께 읽는 북클럽, 경제를 함께 공부하는 북클럽, 문학·고전 북클럽 등 다양한 독서 모임이 있으니, 평소 관심 있었던 분야의 독서 모임에 문을 두드려보는 건 어떨까?

　　'북토크'는 북클럽보다 더 관심이 없었다. 저자들은 다

유명한 사람들이라 생각했기 때문에 그들을 만난다는 건 애초에 불가능한 일처럼 보였다. 제주도로 이주하면서 북토크에 대한 다른 시각을 가질 수 있었다. 제주에 오기 전에는 저자와의 만남이나 북토크에 참여해본 적이 없었다. 하지만 제주에 온 이후에 북토크를 몇 년간 기획하고 진행한 이웃 덕에 여러 가지 종류의 북토크를 경험할 수 있었다. 제주 유기농 레몬 농장에서 열린 《시간부자의 하루》 북토크가 그 시작이었다. 이웃들이 놀이처럼 기획한 북토크였다. 이를 시작으로 다양한 북토크에 참여했다.

제주에서 감귤농장을 하며 시를 쓰는 오하나 작가의 에세이 《계절은 노래하듯이》 북토크는 예술가 요조 씨가 운영하는 제주 동쪽의 '책방무사'에서 열렸다. 작가의 호흡과 수줍은 웃음소리까지도 들을 수 있는 맨 앞자리에 앉은 나는 열혈 청중이 되었다.

'죽은 시인은 어떻게 되살아나는가'라는 주제로 제주문학관에서 열린 김연수 작가 북토크는 강연식이라 분위기가 다소 경직되어 있었다. 강연이 열리기 전 급하게 신청해서 《일곱 해의 마지막》을 읽지는 못했지만 이야기를 따라가며 소설가의 작업에 대해 알 수 있는 계기가 되었다.

《숲속의 자본주의자》 박혜윤 작가가 신간 《도시인의 월든》홍보를 위해 미국에서 제주에 왔다는 이야기를 듣고, 이웃들과 제주 독립서점으로 몰려갔다. 직접 만나 진솔한 이야기를 들으니 팬이 되어, 이후에 박혜윤 작가의 저서를 모두 찾아 읽었다. 세상에는 다양한 삶이 있다는 걸 깨닫게 해준 분이었다.

《언니들의 마음공부: 부모 편》과 함께 돌아온 오소희 작가의 북토크는 그야말로 팬덤 축제였다. 5천 명의 여성이 가입된 '언니공동체' 수장의 북토크는 반나절 만에 100명의 참가 인원이 모집되었다. 글쓰기 수업을 통해 오소희 작가의 팬이었던 '언니'들이 모여 함께 춤추고, 울고, 웃는 시간을 가졌다.

베스트셀러였던 《아버지의 해방일지》정지아 작가의 초청 강연은 소설 속 이야기에만 국한되지 않고 실제 주변인들의 이야기를 들을 수 있는 시간이었다. 빨치산의 딸로 살면서 닫혔던 마음이 고향 구례에 내려가 머물면서 녹아내려가고 있다는 솔직한 이야기를 들을 수 있었다.

이처럼 북토크는 저자를 만나 책에는 없는 내용을 들을 수 있다. 저자에게 궁금한 부분을 직접 물어볼 수 있다는 장점도 있다. 책에 있는 내용을 압축적으로 설명해주면 책을 한 번 더 읽은 효과를 내기도 한다. 책을 읽으면서 그냥 지나쳤던 내용도 들을 수 있고, 저자로부터 직접 동기부여를 받는 긍정적인 효과도 있다.

북클럽과 북토크, 두 가지 모두 혼자 독서를 할 때 경험하지 못하는 다른 방식의 책 읽기 방법이다. 독서는 함께하면 더 큰 성과를 이룰 수 있다. 나를 알지 못하는 대단한 사람이 이루는 성과는 비현실적이고 넘기 힘든 벽이라고 생각하기 쉽지만, 내 옆에 있는 사람이 독서를 통해 변화하는 모습을 보면 나도 할 수 있다는 자신감이 생긴다. 좋은 자극을 받는 계기가 된다.

어렵게만 느껴졌던 작가를 직접 만나면 성공 에너지를 받을 수 있어 독서와 글쓰기에 또 다른 계기가 마련되기도 한다. 이런 의미에서 나는 움직이는 독서, 말하는 독서, 듣는 독서, 나누는 독서 또한 혼자 앉아서 읽는 것만큼이나 힘이 크다고 믿는다.

협찬 독서법

공짜라서 너무 좋다

•

"책을 공짜로 받을 수 있대!"

동생에게 전화해서 유레카를 외치듯 말했다.

책은 무조건 사서 읽어야 한다고 생각했는데, 협찬 도서라는 게 있다는 걸 알고 신세계를 발견한 것 같았다. 신청하면 받을 수 있는지는 확실치 않았지만, 하나라도 걸리겠지라는 마음으로 매일 하루에 1권씩 협찬 도서를 신청했다. 예스24 리뷰어스클럽에서 당첨되어 처음 협찬 도서를 받아보았다. 감격은 잠시, 《알고리즘 리더》는 처음 접하는 분야였고 어렵기까지 했다. 하지만 끝까지 읽었고, 약속한 대로 도서 리뷰 한

편을 완성했다. 책을 협찬받아서 자세히 읽고 도서 리뷰를 썼다는 데 만족해서 그 이후에 협찬 도서를 마구잡이로 신청했다. 어느 날 똑같은 도서 2권이 연달아 도착했다. 하지만 원하는 책이 아니라 끝까지 읽지 못했다. 공짜로 책을 읽을 수 있다는 마음에 신나서 아무 도서나 신청하는 방법은 잘못되었던 것이다.

초보 애서가들은 무료로 책을 받을 수 있다는 사실에 혹하곤 한다. 초반에는 나처럼 마구잡이로 신청하다가 책을 받고 나서는 리뷰를 써야 한다는 부담이 앞선다. 홈쇼핑을 보다가 꼭 사야 하는 물건인 것 같아 구입하고 직접 받아보면 시들해지는 경험과 비슷하다. 나는 읽고 싶은 책의 서평 이벤트만 응모했고, 대부분 도서는 구입하거나 도서관에서 빌렸다. 읽은 책만큼 블로그에 도서 리뷰가 쌓였다. 블로그 상위 노출 방법도 알지 못했는데, 작성한 리뷰가 네이버 포털 사이트에서 상위 노출이 되는 신기한 경험도 했다.

협찬 도서를 신청하는 방법은 여러 가지다. 인터넷 서점의 이벤트 도서를 신청하는 방법, 출판사 블로그의 알람을 걸어놓아 서평 이벤트 기회를 잡는 방법, 출판사 서포터즈에 참여하는 방법, 인스타그램 서평단으로 신청하는 방법 등이 있다.

　꾸준히 리뷰를 하니, 출판사나 마케팅 업체에서 도서 협찬을 해주겠다는 메일이 자주 왔다. 어떤 경우엔 책도 주고, 원고료도 주겠다고 했다. 어느 순간, 협찬 도서를 따로 신청하지 않아도 이메일로 한 달에 약 20권에서 25권 정도의 신간 도서 협찬 의뢰가 들어왔다. 읽지 않으면 후회할 것 같은 느낌 때문에 처음에는 분야를 가리지 않고 모두 받아서 읽었다. 하지만 유난히 읽기 힘든 책과 완독하고도 별로인 책은 받은 후 후회하는 단점이 있었다. 그런 책들은 도서 리뷰를 쓰기도 고통스럽다. 요즘은 읽기 힘들어 후회하는 경험이 싫어 선별해서 협찬 도서를 고른다. 책과 함께 배달된 마케팅 담당자분의 메모를 보고 감동해서 해당 출판사의 책은 무조건 받아서 읽고 정성스럽게 리뷰를 하기도 한다. 좋아하는 출판사에 블로그 알람을 걸어놓아 가끔 직접 신청하기도 한다. 내가 협찬 도서를 선별하는 기준이다.

　도서 협찬은 무료로 책을 볼 수 있다는 장점 이외에도 세 가지 의미가 더 있다.

첫째, 독서 편식을 덜하게 된다. 도서 협찬은 신간 위주기 때문에 다양하고 트렌디한 여러 분야의 책을 읽을 수 있다. 심리학, 뇌과학, 철학, 과학, 재테크, 경제경영, 에세이, 소설 등을 증정받아서 읽으면 몰랐던 분야에 대한 지식이 조금이라도 쌓인다. 모두 다른 분야의 책들이지만 독서의 점들이 찍혀서 결국에 모든 분야가 하나의 선으로 연결되는 진리를 알게 된다.

둘째, 도서 리뷰를 올려야 한다는 약속을 지키기 위해서라도 책을 꼭 읽는다. 협찬 도서를 신청했다는 의미는 도서를 무료로 받고 리뷰로 보답하겠다는 출판사와의 약속이다. 그래서 약속을 지키기 위해서라도 책을 꼭 읽게 된다. 그런 시간이 쌓이다 보니, 어느 날부터 공짜라는 함정에 빠지지 말고 좋은 책을 고르는 눈을 가져야겠다고 생각했다. 협찬받아서 읽다 보면 괜히 신청했다고 후회하는 책이 있고, 읽은 후 좋아서 작가와 출판사에 고맙다는 말을 여러 번 반복하는 책이 있다. 그런 눈을 기르기 위해서는 많이 읽어야 한다. 많이 읽기 위한 장치 중 하나가 도서 협찬을 받고 리뷰를 꼭 작성하는 일이다.

셋째, 2주 안에 읽고 써야 하므로 나를 시스템 안에 가

둘 수 있다. 협찬 도서는 증정받고 대부분 2주 안에 도서 리뷰를 써야 한다. 책을 무료로 받고 시간 약속을 지키겠다는 무언의 약속이다. 증정 도서를 2주 안에 읽지 않으면 다른 책에 밀려 영원히 못 읽는 비극이 일어날 수 있으니 책을 받으면 바로 읽게 된다.

물론 단점도 있다. 협찬 도서를 많이 받으면 본인이 읽고 싶은 책이 계속 뒤로 밀리기도 하고, 2주 안에 책을 읽고 리뷰를 써야 한다는 강박에 책의 내용을 자세히 살펴보지 못할 수도 있다. 하지만 협찬 도서 신청은 도서 블로그를 운영하는 사람에게 적극적으로 추천하고 싶은 방법이다. 특히 도서 블로그로서 정체성을 정한 사람에게는 지속적으로 독서와 글쓰기를 하게 만드는 시스템이다.

초보 블로거라면 도서 협찬이 마냥 신기할 것이다. 본인은 자격이 되지 않는다고 미리 포기할 수도 있다. 다산북스, 창비 등 대형 출판사는 한꺼번에 책을 200~300권씩 증정하는 이벤트를 하기도 하는데, 이 경우 유명 인플루언서나 상위 노출이 아니더라도 당첨될 확률이 높다. 회사로 말하면 경력 사원에게만 기회를 주는 게 아니라 신입 사원에게도 기회를 제공하는 셈이다. 인스타그램도 북스타그래머에게 다양한 기회를 제공하는 편이다. 인스타그램 서평 이벤트는 당첨 확률도 높다. 아무 행동도 하지 않으면 아무 일도 일어나지 않는 것처럼 협찬 도서를 자주 신청해보면 당첨 확률도 높일 수 있으니 자주 도전해보자.

스마트 독서법

오디오북, 전자책은 쓸수록 편하다

독서가들은 대부분 전자책보다는 종이책을 선호하는 편이다. 《아날로그의 반격》에서는 처음 전자책이 나왔을 때 종이책이 종말될 것처럼 이야기했지만, 독서가들은 여전히 아날로그 방식인 종이책의 책 넘김 소리와 질감을 사랑한다고 한다. 나 또한 그런 생각을 하고 있었다. 그런데 책을 많이 읽을수록 여러 방식으로 독서를 시도하게 되었다. 독서를 꼭 종이책으로만 해야 할까? 여전히 종이책을 좋아하지만, 전자책과 오디오북이 편한 건 사실이다. 독서를 본격적으로 시작했다면 오디오북과 전자책을 활용한 스마트 독서법을 추천한다.

• 오디오북

요즘 오디오북은 작가나 성우가 직접 처음부터 끝까지 읽어준다. 소설책의 경우 여러 명의 성우가 참여해서 더욱 실감이 난다. 간다 마사노리의 《비상식적 성공 법칙》에서는 연봉을 10배로 늘리며 성공할 수 있는 비상식적인 노하우를 알려준다. 그때 알아야 할 8가지 습관 중에 4번째 습관은 오디오를 활용하라는 것이다. 작가가 말한 오디오는 '성공한 사람의 긍정적인 이야기를 수록한 오디오'다.

성공한 사람의 긍정적인 이야기는 책에 많다. 이를 듣는 방법 중 하나는 오디오북을 활용하는 것이다. 오디오북은 주로 산책하거나 이동 중에 들을 수 있다는 장점이 있다. 음악과는 다르기에 글을 쓸 때나 다른 일을 할 때 듣고 내용을 이해하기는 불가능하다. 나는 오디오북을 운동하면서 처음 들어보았는데, 최선을 다해 귀를 열었지만 집중이 되지 않았고 다른 생각에 빠진 적이 있다. 오디오북으로 들을 만한 책을 잘못 선택했기 때문이다.

오디오북인 윌라를 통해 가장 집중하면서 들었던 대표적인 책은 기시미 이치로의 《미움받을 용기》였다. 이 책은 꽤 오래전에 출간된 베스트셀러이자 스테디셀러로 유명한데, 인터뷰 형식의 글을 별로 좋아하지 않아서 읽지 않고 있었다. 이 책은 한 청년이 아들러 철학을 공부한 철학자에게 고민을 말하고, 철학자가 이에 대해 조언을 해주는 대화 방식이었다. 오디오북으로 들으니 마치 두 사람의 대화를 듣는 듯한 느낌이었다. 성우 2명이 무미건조하게 책을 읽는 방식이 아닌, 실제 대화하며 언성을 높이기도 하고 한숨을 쉬기도 하는 등 열정적인 연기를 통해 귀를 기울이게 만들기도 했다. 책으로 읽었으면 집중이 되지 않았을 텐데 오디오북으로 들으니 책으로 다시 읽고 싶어졌다.

오디오북은 좋은 문구가 있으면 바로 적을 수 없고, 책 없이 오디오만 들어야 하는 단점이 있다. 듣는 건 뇌에는 남았겠지만 글로 표현하기에는 다소 어려울 수 있다. 이런 단점을 보완하기 위해 나는 종이책이나 전자책도 함께 읽는 방법을 택했다. 종이책으로 읽은 부분을 오디오북으로 들으면 내용이 확실히 뇌에 각인된다. 가장 도움이 되었던 책은 나폴레온 힐의 《생각하라 그리고 부자가 되어라》라는 자기계발서의 고전이었다. 책을 읽고 필사해서 시각과 촉각을 활용하고, 오디오북을 들으며 청각을 사용했다. 게다가 성우가 강조한 부분을 중얼거리며 따라했더니 책의 내용과 메시지가 확실히 잘 전달

되었다. 같은 시기에 함께 읽은 책은 김주환 교수의 《내면소통》과 밥 프록터의 《부의 확신》이었다. 간절한 열망을 재화로 바꾸는 방법, 내가 원하면 원하는 대로 된다는 진리, 나를 바꿈으로써 세계를 바꿀 수 있다는 명제를 책으로 읽고, 오디오북으로 들으니 세미나에서 멘토의 강연을 듣는 듯한 에너지를 받았다.

• 전자책

읽고 싶은 책이 생기거나 신간이 나오면 일단 도서관 사이트에서 검색하고, 도서관에 없으면 밀리의 서재에서 찾는다. 밀리의 서재에 없는 경우 회사 교보문고 전자도서관에서 검색하고, 그래도 없으면 도서관 희망 도서로 신청하거나 직접 구입한다. 전자책으로 읽는 비율은 전체 독서의 10퍼센트밖에 되지 않지만, 전자책은 어디에서나 읽을 수 있다는 생각에 무척 든든하다.

초반에는 전자책으로 독서를 시도했다가 익숙하지 않아서 몇 번 실패했다. 종이책도 읽지 않는데 무턱대고 전자책을 신청해놓고 월 요금을 6개월 이상 내다가 구독을 취소한 적도 있다. 장기 출장을 갈 때면 전자책을 몇 권 다운로드 받았고, 읽지는 않았다. 하지만 독서량이 많아지면서 도서관에서 빌릴 수 없는 책들을 전자책으로 찾아 읽기 시작했다. 한 달에 1만 원이 안 되는 금액으로 읽을 수 있는 만큼 마음껏 읽을 수 있다는 사실도 매력적이다. 종이책은 구입 후 원하던 책이 아니라서 후회한 적이 많았지만, 전자책은 살펴보고 읽지 않아도 월 정액만 내면 된다. 전자책 어플을 사용한 이후에는 다양한 책을 검색하여 목차와 구성을 자유롭게 살펴볼 수 있어 편리하다. 그러다 소장하고 싶어지면 종이책으로 구입해서 다시 읽기도 했다.

전자책 어플은 대표적으로 밀리의 서재, 리디북스, YES24 북클럽, 교보 전자도서관, 최근에 출시된 젤리페이지까지 다양하다. 나는 직접 사용해보고 '밀리의 서재'로 최종 선택하여 사용하고 있다. 대부분의 전자책 플랫폼은 첫 달 무료 이벤트가 있다. 어떤 전자책 어플을 사용할지 고민스럽다면 모두 무료로 한 달씩 이용해보고 본인에게 맞는 것을 고르면 좋다. 교보 전자도서관은 회사에서 제공되는 플랫폼이라 제일 먼저 사용했다. 다양한 책들이 있고, 우리 회사 사람들이 고른 베스트셀러를 알 수 있다는 장점이 있지만 책 구절에 줄을 그을 수 없고, 일반 종이책처럼 앞에 대여한 사람이 있다면 반납할 때까지 기다려야 한다는 단점이 있었다.

YES24 북클럽은 다른 전자책 어플보다 스탠다드 요금
제를 조금 더 싼 가격에 무제한으로 이용할 수 있는 장점이 있
고, 크레마라는 YES24 전용 전자책 기기도 있다. YES24 북클
럽은 온라인 서점뿐 아니라 전자책 분야에서도 다양한 프로
그램을 시도 중에 있다. YES24 북클럽에도 다양한 도서들이
많이 제공되고 있으나, 내가 찾는 책은 대부분 밀리의 서재에
있어서 최종적으로 밀리의 서재를 선택했다. 밀리의 서재에는
시중 베스트셀러의 70퍼센트가 있다. 이런 장점이 트렌디한 독
서를 즐기는 나의 독서 성향에 알맞았다. 나는 한 달 정기 구
독권이 아닌, 저렴한 1년 구독권을 미리 구입한 후 등록해 사
용한다. 밀리의 서재만큼 괜찮은 전자책은 리디북스인데, 각
전자책 플랫폼마다 공략하는 분야가 따로 있으니, 각자의 기
호에 맞게 선택하면 된다.

전자책 어플은 휴대폰, 태블릿, 전자책 전용 태블릿을
활용할 수 있다. 나는 크레마와 루나라는 전자책 전용 태블릿
을 사용한 경험이 있는데, 태블릿 전자책과 큰 차이점을 느끼
지 못했다. 하지만 눈이 편하고 가벼워서 어디서든 들고 다닐
수 있다는 장점으로 전자책 전용 태블릿을 선호하는 사람도
많다.

전자책으로는 책을 잘 읽지 않게 된다고 하는 사람들이 많다. 하지만 전자책 독서법은 보관과 장소의 제약을 덜 받고 독서량이 많이 늘어날수록 매력적인 방법이니 시도해볼 만하다.

구체적인 경험을 적으면 한 줄이 세 줄이 된다.

세 줄이 모이면 백 줄이 된다.

글을 길게 쓰는 것이 목적이 아니라 스스로 질문을 만들고

남이 읽기에 쉬운 문장을 쓰려고 노력하면 글은 막힘없이 써진다.

Part 4

도서 인플루언서
되는 글쓰기 술법

무작정 **필사법**

남의 글을 따라 써야 내 글도 써진다

●

나는 필사를 생활화하는 사람이다. 현재까지 필사 노트가 4권, 아이패드 굿노트에 작성한 필사 노트가 80편가량 쌓였다. 필사하면서 읽은 책들은 대부분 완독했고, 머릿속에 더 깊숙이 남았다. 필사뿐 아니라 내 생각과 경험도 함께 적으면서 나만의 기록이 쌓였다. 글감이 필요할 때는 필사 노트를 열어 상황에 맞는 작가의 문장들을 인용하기도 한다. 필사하기를 좋아하고 글쓰기의 초석으로도 도움이 된다고 믿는 편이지만, 목적이 없는 필사는 하지 않기로 했다. 논어 필사를 하면 인생이 변한다는 조언을 듣고, 논어 1권을

100일 동안 필사하였다. 필사하는 일이 의무가 되어서 내용을 제대로 음미하지 않고 필사에만 급급했다. 논어 필사를 끝낸 이후에는 무작정 책 1권을 필사하기보다 읽고 있는 책 중에 기억하고 싶은 부분만 필사하기로 했다. 요즘은 《니체의 말》을 음미하며 필사하는 중이다. 필사를 함께할 사람들을 모집해 단톡방에서 《니체의 말》을 함께 필사하고, 느낀 바를 적어 공유하고 있다.

처음에는 필사의 힘을 몰랐다. 믿지 않았다기보다는 해본 적이 없으니 알 수 없었다. 독서법 책이나 글쓰기 책에서도 필사의 중요성을 강조하는 글을 읽긴 했지만 변화하겠다는 절실한 독서를 하지 않았기에 시도조차 하지 않았다.

삶의 변화가 절실한 독서를 시작한 순간부터 필사를 시작했다. 필사 노트를 사서 책의 프롤로그부터 기억하고 싶은 문장을 옮겨 쓰기 시작했다. 본격적으로 도서 리뷰를 블로그에 쓰기 전 3개월가량은 노트에 필사만 했다. 필사한 문장에 나의 경험을 덧붙이고 깨달은 바를 추가했다. 어떤 날은 책을 읽고 어떤 실천을 해야 할지에 대한 다짐을 적어보기도 했다. 남의 글을 따라 썼을 뿐인데 내 글이 자연스럽게 써졌다. 필사 노트에 적은 기억하고 싶은 문장은 블로그에 다시 한번 기록했다. 필사만 해놓은 블로그 포스팅은 비공개로 해놓았지만, 첫 필사의 경험은 글을 계속 쓸 수 있게 한 원동력이 되었다.

유명한 필사의 중요성으로 다산 정약용의 예가 있다. 다산 정약용은 초서라고 표현했는데, 이는 책을 읽다가 중요한 부분을 발췌해 쓰면서 책을 읽는 방법이다. 다산이 500권의 저서를 낼 수 있었던 가장 중요한 원동력이 바로 초서다.

필사를 하면 베껴 쓰는 동안 눈으로 읽고, 손으로 눌러 썼기에 뇌까지 전달이 되어 작가의 문체와 내용까지 잘 기억할 수 있게 된다.

신주영 변호사의 《법정의 고수》에서는 신 변호사의 대학 동기 판사의 이야기가 나온다. 동기는 사법연수원 시절, 공부하기가 너무 힘들었다고 한다. 어느 날부터 전형적인 판결문 몇 개를 공부가 되지 않을 때마다 바이블이라고 생각하고 무조건 무식하게 베껴썼는데, 어느새 자신도 모르게 판결문 투로 쓰게 됐고, 교수님의 말씀도 잘 이해하게 되었을 뿐 아니라, 성적도 올랐다고 했다. 물론 하루아침에 이루어진 성과는 아닐 것이다. 필사하는 동안 분명 도움이 된다는 믿음이 있었기에 효과가 있지 않았을까.

나의 필사 노트

　　책 속의 중요한 문장들을 찾아 필사한 후 1권의 책을 완독하고 나면 책을 잘 읽었다는 느낌이 든다. 필사하며 읽고, 책을 다 읽고 나서는 발췌한 문장을 다시 읽으며 내용을 머릿속으로 정리한다. 독서를 시작한 초반에는 기억하고 싶은 구절이 있는 모든 책에 인덱스를 붙이고, 줄을 긋고, 중얼거리면서 필사했다. 1권의 책당 약 5장의 요약본이 만들어졌다. 가끔은 필사하고도 무슨 내용인지 감이 잡히지 않을 때가 있는데, 이때는 필사한 내용을 다시 확인한다. 중요한 부분만 요약했으니 한 번 더 읽은 효과를 낸다. 도서 리뷰를 할 때는 필사한 부분을 활용해 질문을 만들고 대답을 적는다.

도서 리뷰를 블로그에 쓸 때면 가끔 손가락에 뇌가 달려 손가락이 글을 쓴다는 느낌이 들 때가 있다. 눈으로만 읽지 않고 손으로 써가며 읽었기 때문이 아닐까 조심스럽게 추측해 본다. 필사하면서 작가가 하고 싶은 말을 찾는 과정도 글을 쓸 수 있는 초석이 되기도 한다. 필사를 계속하면 나의 글이 되는 순간이 온다. 필사 노트에 필사 문구를 적다가 내가 깨달은 바를 적으면 된다. 필사의 문장과 나의 경험을 연결한 느낌을 적으면 내 글이 만들어진다.

세 줄 리뷰법

세 줄을 써야 백 줄이 된다

●

아이 어른 할 것 없이 많은 사람이 글쓰기를 힘들어한 다. 초등학교 시절을 떠올려보면 독후감 쓰는 방학 숙제가 가 장 어렵고 하기 싫었다. 대학교 때 교양수업 교수가 책을 100권 읽고 독후감 100편을 써오면 시험과 상관없이 A학점을 주겠다고 해서 시도한 적이 있다. 정말 100권의 책을 읽고 독 후감을 쓸 계획이었다. 하지만 시간은 생각보다 빠르게 흘렀 고, 독후감은 10편도 완성하지 못했다. 어떻게든 A학점을 받 으려고 책을 읽지 않는 친구들에게 부탁해 한 편씩 독후감을 받아내기도 했지만, 결국 100권의 독서를 채우지도 못했고,

당연히 글쓰기도 실패했다. 한때는 소설가가 되고 싶어 목차를 잡고 글쓰기를 시도했지만 세 줄도 완성하지 못했다. 글쓰기 자체를 부담스러워했기 때문이다. 어떻게 시작해야 하는지도 몰랐다.

아이 글쓰기 책에 관심 있어 초등 글쓰기 책을 찾아보다가 이은경 저자의 《어린이를 위한 초등 매일 글쓰기의 힘》을 알게 되었다. 시리즈 중에서 '세 줄 쓰기'의 구성을 살펴보았다. 짧고 구체적인 질문이 있고, 질문에 대한 대답을 세 줄 이내로 답하는 것이다. 대답을 쓰기 위해서는 질문을 잘 이해해야 한다. 질문을 이해한다는 의미는 글씨를 읽고 해석할 수 있는 능력, 즉 문해력이 있다는 의미다. 하지만 가장 중요한 포인트는 질문이 얼마나 구체적이고 대답을 잘 유도할 만한가다. 질문이 엉망이면 대답은 산으로 간다. 질문을 이해하는 능력이 문해력이라고 하지만, 질문이 잘못되어 대답할 수 없는 경우도 많다. 이럴 때는 세 줄 쓰기가 문제가 아니라 한 줄 쓰기도 못한다.

최근 아이와 함께 세 줄 쓰기를 시작했다. 아이는 매일 일기를 쓰고 있긴 했지만 쓰기 싫은 티가 나서 스토리도 느낀

점도 없는 일기가 되고 있었다. 아이에게 잔소리하는 대신 어떻게 글 쓰는 즐거움을 일으켜줄까 하다가 '세 줄 쓰기' 워크북을 꺼냈다. 아이는 워크북에 직접, 나는 노트를 하나 만들어서 함께 질문을 읽고 세 줄 쓰기를 해나갔다. 엄마가 동일한 질문에 대한 글을 쓴다고 하니, 아이도 신이 나서 함께 세 줄 쓰기를 시작했다. 다 쓰고 나서는 교환일기처럼 바꾸어보았다. 아이와 함께 글을 쓰는 것도 좋은 시도이긴 하지만 일단 아이가 질문을 이해하는 게 중요했다. 함께 질문을 읽고, 엄마가 쓴 세 줄 쓰기를 보며 아이도 본인의 생각을 정리할 수 있는 시간을 주는 것이다. 책에서 나온 질문들의 세 줄 쓰기를 마치면 함께 질문을 만들어내고 대답하는 세 줄 쓰기를 생각하고 있다.

세 줄 쓰기를 시작하려면 좋은 질문을 스스로 만들 수 있어야 한다. 좋은 질문은 책 안에도 많이 있다. 저자가 이미 책 안에서 많은 질문을 하기 때문이다. 《와튼 스쿨은 딱 두 가지만 묻는다》에서는 '성공이란 무엇인가, 어떻게 성공할 것인가?'라는 두 가지 질문에 대한 저자의 생각을 담았다. 이 책을 읽는 독자 또한 성공이 무엇인지 스스로 질문하게 된다. 하지만 '성공은 무엇인가?'라는 질문은 추상적이다. 물론 본인이 성공이 무엇인지에 대해 이미 확고한 기준이 있다면 본인의 생각을 쓰면 된다.

성공이 무엇인지 본인도 잘 모르겠다면 책을 더 읽으면서 다른 질문을 스스로 만들어도 좋다. 사람들은 행복하면 성공한 삶이라고 말하는데, 그럼 행복이란 어떤 의미인지에 대해 또 질문하는 것이다. '행복이란 무엇인가?'보다는 '나는 어떨 때 행복한 감정을 느끼는가?'라고 질문을 바꾸고 대답을 적어보자. 이렇게 질문을 스스로 만들고 적는 과정이 세 줄 리뷰의 시작이다.

질문을 만들고 대답을 적을 때는 작가가 책에서 말하고자 하는 의도에서 일단 빠져나와 본인의 이야기를 해야 한다. 대답은 구체적으로 적는다. 위의 예처럼 행복한 감정을 느꼈던 구체적인 경험을 써야 한다.

예를 들어, '어려운 이웃을 도울 때 마음이 뿌듯하고 행복감을 느낀다'보다는 '어제 네이버 블로그의 콩을 모아서 독거노인에게 도시락을 지원하는 곳에 기부했다. 적은 돈이었지만 내가 쓴 글이 돈이 되어 주변에 힘든 이웃을 도울 수 있다는 사실이 기뻤다. 이런 감정이 행복감이 아닐까?'처럼 쓰는 것이 좋다. 구체적인 경험을 적으면 한 줄이 세 줄이 된다. 세 줄이 모이면 백 줄이 된다. 글을 길게 쓰는 것이 목적이 아니라, 스스로 질문을 만들고 남이 읽기에 쉬운 문장을 쓰려고 노력하면 글은 막힘없이 써진다.

도서 리뷰를 쓸 때 생각 정리가 안 되거나 스스로 질문을 만들어낼 수 없으면 더 이상 글을 쓸 수가 없다. 앞으로 더욱 무섭게 발전하게 될 대화형 인공지능 'ChatGPT'를 어떻게 활용할 것인가도 중요하지만, 이를 더 잘 활용하기 위해서는 질문하는 능력이 중요하다. 어떤 질문을 하느냐에 따라 활용할 수 있는 결과가 다르게 나오기 때문이다. 질문하는 능력이 점점 중요해진다는 의미다. 억지로 세 줄을 열 줄까지 만들어도 스스로 질문을 구체적이고 쉽게 만들어내지 못하면 읽는 사람도 내가 쓴 글의 의도를 이해하지 못한다. 나조차도 이해하지 못한 질문을 다른 사람이 이해할 수 있을까?

책을 읽고 리뷰를 쓸 때는 구체적인 질문을 몇 가지 만들어보자. 한 가지 질문에 세 줄씩 본인의 경험을 담은 대답을 만들 수 있다면 열 줄 리뷰도 금방 끝낼 수 있다.

포스트잇 기법

읽는 순간에 바로 도서 리뷰가 된다

．

　　포스트잇은 중요한 독서 장비 중 하나다. 도서관에서 빌린 책이나 전자책을 읽을 때는 밑줄을 그을 수 없다. 그럴 때 포스트잇을 활용한다. 필사도 하고 포스트잇에 작성할 때도 있지만, 필사가 필요 없다고 판단되는 책을 읽을 때는 포스트잇만 활용한다. 책을 읽으면서 필사하면 독서 흐름이 깨진다는 사람이 있다. 그럴 때도 포스트잇을 활용하면 된다.

　　책을 읽는 도중 느낀 생각이나 기억하고 싶은 문장을 포스트잇에 적는다. 혹은 펼친 페이지에 내 생각을 간단하게 적는다. 책을 읽으면서 기억하고 싶은 문장을 블로그 도서 리뷰할 때 적어야겠다고 생각하지만, 막상 블로그의 글쓰기 버튼을 누르는 순간 '내가 무엇을 적으려고 했지?'라며 기억이 안 날 때가 있다. 이때 포스트잇에 적어놓은 구절이 있다면 도서 리뷰를 할 때 훨씬 수월해진다.

포스트잇 기법은 등장인물이 많은 소설을 읽을 때나 시간의 흐름에 따라 스토리텔링을 하는 자기계발서에 주로 활용한다. 책 속의 문장을 필사하기보다 책 속의 키워드를 활용하여 포스트잇에 적는다. 소설일 경우 등장인물이 많으면 헷갈리기도 한다. 이때 포스트잇에 등장인물을 적고 간단하게 소설 속에서 설명한 등장인물의 특징을 적는다. 그러면 소설을 읽을 때도 인물들을 헷갈리지 않을 수 있다. 소설을 읽은 후에는 포스트잇에 적어둔 인물들과 사건의 흐름을 보고 바로 리뷰를 작성하기도 한다. 소설 속 좋은 문장은 인덱스로 해당 페이지에 붙여서 도서 리뷰를 작성할 때 인용하고, 포스트잇은 키워드만 적어 이를 바탕으로 줄거리를 적는다.

시간의 흐름에 따라 스토리텔링하는 자기계발서는 작가 본인의 고군분투가 들어가기 때문에 더 설득력이 있다. 그럴 땐 작가의 어린 시절 혹은 어려웠던 젊은 시절 사건들을 키워드로 포스트잇에 정리한 후 도서 리뷰에 활용한다.

포스트잇은 도서관에서 빌린 책에서 가장 잘 활용할 수 있다. 필사 노트를 가지고 다닐 수 없는 상황이나 카페에 책만 갖고 갈 때 포스트잇 몇 장을 떼어다가 책 앞에 붙인다. 필사하고 싶은 구절이 있으면 포스트잇에 적고 해당 페이지에 붙여놓는다. 도서 리뷰를 할 때는 책에 있는 포스트잇을 활용하여 작성하고, 도서관에 반납하기 전에 포스트잇을 떼어서 필사 노트에 차례로 붙인다. 나중에 책 내용을 다시 보고 싶으면 포스트잇을 보면 된다.

책을 읽으면서 깨달은 내용을 포스트잇에 적으면 블로그에 도서 리뷰를 할 때 적은 문장들을 바로 옮겨적기만 하면 되므로 수월하다.

《이토록 멋진 휴식》은 이웃 블로거에게 추천받아 도서관에서 희망 도서로 신청해 읽었다. 책의 내용이 좋아 포스트잇으로 장마다 메모를 했다. 작성해놓은 포스트잇을 활용하여 도서 리뷰를 끝내고 도서관에 책을 돌려주기 전에 이를 떼어다가 필사 노트에 붙여놓았다. 이 책은 이후에 북클럽 선정도서가 되었고, 메모해둔 포스트잇을 활용하여 독서 토론을 함께했다. 독서 모임에서는 주로 책 속의 키워드와 발췌문으로 이야기를 나누는데, 포스트잇에 정리된 내용으로 유용하게 사용할 수 있었다.

어른을 위한 그림책을 소개하는 《우는 법을 잃어버린 당신에게》를 읽으면서 포스트잇에 책에서 언급된 도서들을 적었다. 그리고 이를 떼어다가 도서관에서 바로 대여를 했다. 도

《이토록 멋진 휴식》을 읽을 때 작성한 포스트잇 메모

서 리뷰를 작성할 때도, 책 속의 책을 메모할 때도 포스트잇
은 유용하다.

전자책을 읽을 때는 밑줄 기능을 활용한다. 온라인상의
포스트잇 기능이다. 밀리의 서재에서는 밑줄 그은 문장을 텍
스트 혹은 카드뉴스의 형태로 카카오톡 전송이 가능하다. 리
뷰를 쓸 때는 자신의 카톡으로 전송된 문장을 활용하여 질문
을 만들고 한 편의 글을 만들어낼 수 있다.

포스트잇 기법이라고 소개했지만 실은 메모의 중요성을
역설하는 것이다. 메모 독서를 하는 경우와 그렇지 않은 경우
도서 리뷰 시간은 현저히 차이가 난다. 내 기억력을 믿는 것보
다 메모를 믿어보자. 메모는 당신을 배신하지 않는다.

글 근육 트레이닝법

밥 먹듯이 써야 글도 살이 찐다

●

　　'글 근육'이라는 말을 즐겨 쓴다. 독서도 글쓰기도 계속하면 근육이 생긴다. 독서를 처음 시작할 때는 1권을 읽는 것도 벅찼다면, 독서 근육이 생기고 나서는 읽고 싶은 책이 있으면 부담 없이 시작할 수 있었고, 독서의 즐거움 또한 알게 되었다.

　　글쓰기도 마찬가지다. 필사로 시작한 글쓰기는 블로그에 올리는 도서 리뷰로 발전하였다. 초반에 도서 리뷰를 작성할 때는 리뷰 한 편당 3~4시간이 걸렸다. 한 편의 리뷰를 쓰고 블로그 포스팅을 하고 나면 온몸의 기가 모두 빠져나가는 느낌이었다. 하지만 멈추지 않았다. 필사를 많이 했기에 글을 쓰기 위한 손가락 근육과 엉덩이 근육은 어느 정도 단련이 되어 있었다.

　1주일에 한 편의 리뷰만 써야지 했는데, 어느 순간부터 욕심이 생겨 읽은 책을 모두 리뷰해야겠다는 마음이 생겼다. 쓰기 싫은 날도 있었지만 몇 편의 리뷰를 미리 써놓은 날 덕분에 고비를 넘길 수 있었다. 독서와 글쓰기를 하면서 술 마실 시간이 없었다. 일부러 술을 끊지는 않았지만 한 번 술을 마시면 과하게 마시기 때문에 다음 날 독서 목표 달성과 글쓰기에 지장을 주는 게 싫었다. 술 마시자는 직장 동료들의 제안도 모두 거절했다. 책 읽고 글 쓰는 일이 더 즐거웠기 때문이다. 독서 근육과 글쓰기 근육이 함께 붙자, 자연스레 자기관리까지 되었다. 내 일상에 독서와 글쓰기가 들어왔고, 일상을 지속하기 위해서는 좋은 컨디션을 유지해야 했다. 충분히 자고, 최상의 상태를 유지해야 즐거운 독서와 글쓰기가 가능하다.

　글 근육은 독서 근육보다는 조금은 난이도가 있는 편이다. 이때 목표를 세우고 시스템의 힘을 활용하면 도움이 된다. 1주일에 5권의 책을 읽겠다고 목표를 세운 뒤 독서 앱을 활용하여 독서 근육 시스템에 나를 가둬놓았다면, 글 근육을 찌우기 위해서는 블로그 글쓰기 100일 챌린지에 도전하여 한 가지의 주제로 블로그, 브런치에 동시에 연재했다. 브런치에도 매일 일상 글쓰기를 시도했고, 글쓰기 수업을 함께 들었던 글 동무들과 매일 10분 글쓰기도 몇 개월간 지속했다.

도서 리뷰 전문 블로그로 정체성을 정했지만, 도서 리 뷰는 시간이 오래 걸리기에 매일 포스팅이 불가능하다. 그래 서 내가 찾은 방법은 네이버 블로그 100일 챌린지다. 이는 블 로그 발행 글의 분야를 정한 후 100일 동안 매일 글쓰기를 하는 프로그램이다. 100일 챌린지를 완료하면 성공 트로피 스 티커를 주는 작은 보상이지만, 글 근육을 키운다는 생각으로 100일 챌린지를 3번이나 완주했다. 100일 동안 매일 포스팅해 야 하므로 회식이 있는 날엔 집에 돌아와서 횡설수설 술에 취 한 포스팅이라도 꼭 하고 잤다. 트레이닝을 하듯이 시스템을 마련했더니 매일 글을 쓰면서 글 근육이 생겼다.

글 근육을 만드는 방법으로는 이외에도 여러 가지가 있 다. 그중에서도 가장 추천하는 방법은 알람을 맞추고 정해진 시간 안에 글을 쓰는 것이다. 김재용 작가의 '그녀들의 글수다' 에서 처음 10분 글쓰기를 접했다. A4용지 한 장을 받고 그날의 글감을 주면 10분 알람이 켜지는 순간부터 펜으로 종이 위에 글을 쓰는 것이다. 10분 알람이 울리기 전에 글을 마무리해야 한다는 생각으로 초집중하면서 글을 썼다. 글쓰기 전 워밍업을 한다고 딴짓할 여유도 없었고, 휴대전화를 시시때때로 확인할 수도 없었다. 10분이라고 하면 짧은 느낌이지만 의외로 꽤 긴 글을 쓸 수 있었다. 생각보다 글의 완성도도 나쁘지 않았다. 조금만 수정하면 괜찮은 글이 완성됐다.

10분 글쓰기를 응용하여, 도서 리뷰를 할 때 알람을 맞추고 시작했다. 블로그 초반에 도서 리뷰를 작성할 때는 3시간 이상이 걸렸는데, 요즘은 최소 30분에서 최대 1시간 정도 걸린다. 3시간 이상이 걸렸던 이유는 리뷰를 작성하는 동안 휴대전화를 확인하거나, 갑자기 다른 책을 읽는 등 효율적으로 시간을 관리하지 못했기 때문이다. 휴대전화 알람을 20분으로 맞춰놓고 최대한 집중하면서 도서 리뷰를 작성했더니 초고를 20분 동안 쓰는 일이 가능해졌다.

요조의 《실패를 사랑하는 직업》에서는 장강명 작가가 일상에서 '스톱워치 워킹'을 한다는 걸 알고, 처음에는 그 효능을 믿지 않았다고 한다. 그러다가 원고 마감에 쫓겨 알람을 맞추고 작성했더니 원고를 끝내는 일에 성공했고, 그 후로 알람의 큰 힘을 깨달았다.

북토크나 작가와의 만남에 갈 때면 그들은 우스갯소리로 마감이 글을 쓰게 만든다고 할 때가 있다. 이 말인즉슨, 주어진 시간이 정해지면 안 써지던 글도 써진다는 의미다. 작가들도 그런데 우리들은 오죽할까? 늘어지게 글을 쓰는 습관보다 알람을 맞춰서 짧고 일정한 시간 안에 글을 마무리하는 습관을 들이면 글 근육이 쌓이게 될 것이다.

일상도 리뷰가 된다

내 이야기라서 술술 써진다

　　무작정 블로그를 운영하는 사람은 글감을 찾는 일이 쉽지 않다. 도서 블로거라고 하면 그냥 도서 리뷰를 하면 되지 않을까 싶지만, 사실 매일 도서 리뷰하는 것은 부담스럽다. 이럴 때 글 근육을 키우기 위해서라도 일상의 글을 리뷰하듯이 쓰는 방법이 도움이 된다. 글 근육을 키우려고 100일 챌린지를 도전하려면 포스팅할 주제를 선택해야 하는데, 그럴 땐 매일 부담 없이 쓸 수 있는 주제로 선택하는 것이 좋다. 나는 도서 분야 이외에도 육아 분야를 100일 챌린지로 설정하고 글을 썼다. 그렇게 아이와 있었던 일상을 기록하기 시작했다.

아이는 세 살 때부터 그림을 거의 매일 10장 이상씩 그렸는데, 문득 그림과 아이의 이야기를 기록하면 좋겠다는 생각이 들었다. 아이가 그린 그림에 내 느낌을 적고, 그날 있었던 일들을 '아이 그림, 엄마 글'이라는 제목으로 매일 기록했다. 나의 이야기라서 그런지 손가락이 글을 쓴다는 생각이 들 정도로 술술 써졌다.

아이가 그림을 하루에 한 장도 그리지 않게 되자, 소재를 바꿨다. 잠자리 독서로 아이에게 매일 그림책을 읽어주었는데, 어느 날부터인가 블로그를 한다고 게을리했다. 그래서 아이에게 그림책 읽어주는 습관을 시스템으로 잡고자 '아이와 영어 그림책'을 제목으로 매일 글을 썼다. 아이에게 읽어주는 영어 그림책을 골라 사진을 찍고, 간단하게 내용을 적거나 좋았던 문구를 본문에 적었다. 영어 그림책은 쓸 내용이 짧으므로 그리 오랫동안 정성을 기울여 포스팅하지 않아도 되었다. 아이에게 영어 그림책을 읽어주면서 이야기를 나눴던 부분과 함께 은근슬쩍 오늘 아이와 있었던 일상도 적었다. 그렇게 영어 그림책 리뷰가 일상 리뷰가 되었다. 영어 그림책도 도서와 관련된 분야니 도서 블로그 운영의 전문성에도 도움이 되었다.

아이와 떠난 여행도 일상의 리뷰가 되었다. 여행을 가면 사진을 많이 찍지만, 휴대전화 속에 고이 간직되는 경우가 많다. 휴대전화에서 잠자고 있는 사진을 꺼내서 블로그에 담고 기록을 해 이야기가 쌓이면 나중에 꺼내 볼 수 있는 추억이 된다. 여행 사진을 SNS에 올리는 걸 자랑하는 것 같아 부담스러워하는 사람이 많은데, 그렇게 생각하기보다 추억을 기록한다고 여기면 어떨까? 여행 리뷰를 남길 때면 추억을 쌓는다는 마음으로 포스팅을 작성한다. 아이와 함께 갔던 여행지를 사진 찍어 올리면서 여행지에 대한 정보와 나의 주관적인 감상을 적는다. 내가 경험한 일을 쓰기에 여행도 리뷰가 된다.

여행이나 출장과 같은 과거의 행적을 기억하여 글을 연재하거나, 본인의 업무를 활용하여 전문적인 글을 가벼운 일상 글처럼 작성하는 것도 일상을 리뷰로 만드는 방법 중 하나다.

나는 20대 때부터 20년간 약 34개국을 방문한 경험이 있다. 대부분 회사에서 해외 출장으로 다녀왔고, 말레이시아 페낭은 2년 동안 해외 취업으로 거주한 경험이 있다. 출장이 일상이었기 때문에 처음에는 이를 소재로 글이 될 수 있다는 생각을 전혀 하지 못했다. 우연한 기회에 블로그 이웃과 상담을 했는데, 그분이 내 이력을 듣더니 세계여행이 글쓰기 콘텐츠가 될 수 있다고 조언해주었다. 생각만 하고 계속 미루던 어느 날, "쓰면 되지!"라고 외치며 식탁에 앉아 '뒤죽박죽 세계여행기' 블로그 연재를 시작했다. 출장을 다니면서 찍었던 필름 사진을 꺼내서 휴대전화로 사진 찍고, 아이패드로 그림을 그려서 연재 글과 함께 담았다. 총 59편으로 끝났는데, 세계여행기를 쓰면서 20대부터의 삶을 글로 정리할 수 있는 계기가 되었다. 여행에 대해 생각나는 에피소드만 적었지만, 내 이야기였기에 술술 써졌고 마음 한쪽이 뚫리는 신기한 경험을 했다. 한편으로 59편이라는 긴 호흡의 길이에 대한 부담감 때문에 중간에 포기하고 싶은 생각이 들기도 했다. 하지만 중간에 그만두면 처음부터 다시 시작해야 할지도 모른다는 마음에 마지막 출장지였던 미국을 끝으로 연재를 마무리 지었다.

블로그에 '뒤죽박죽 세계여행기'를 5편 정도 연재했을 무렵 같은 글로 브런치 작가에 도전해 승인받았다. 블로그에 글을 쓰고 브런치에 글을 옮기는 식으로 함께 진행했더니 두 개의 플랫폼에 내 글이 쌓였다. 브런치에는 세계여행기 연재를 종료한 이후에 일상생활에서 글감이 생각날 때마다 글을 썼다. 글쓰기를 거창하게 시작하지 않고 일상을 리뷰하듯이 썼더니 글쓰기가 재미있어졌다.

나탈리 골드버그의 《뼛속까지 내려가서 써라》에서는 글을 쓴다는 건 자신의 인생을 충실하게 살겠다는 뜻이라고 했다. 글쓰기를 하지 않는다고 인생을 충실하게 살지 않았다는 것은 아니지만, 기록하지 않고 사는 인생은 즉흥 연기를 하는 것과 같다고 생각한다. 글쓰기는 자기 인생을 돌아보면서 이를 써내려 가는 것이고, 이 과정이 완료되면 일상도 리뷰처럼 써나갈 수 있다.

중요한 점은 본인이 가장 잘 알고, 가장 쓰고 싶고, 술술 써지는 경험을 한 것부터 해야 쉽게 시작할 수 있다는 것이다. 글을 쓴다는 것은 나의 삶을 충실히 살겠다는 다짐이다. 일상에 대한 리뷰가 쌓이면 1권의 책이 된다.

도서 리뷰 쉽게 쓰는 법

계속 쓰면서 '글 근육'을 강화한다

　

책을 읽고 기록을 남기는 일은 연습이 필요하다. 처음에는 책을 펴고 커서만 깜빡이는 노트북을 바라보는 시간이 길더라도 이겨내고 한 줄을 시작해야 한다. 글을 쓰다 보면 잘 써지는 날도 있고 그렇지 않은 날도 있다. 독자들에게 전달하고자 하는 내용이 잘 생각나는 날에는 한 줄이라도 더 쓰도록 노력하면 된다. 그렇지 않은 날은 필사한 문구를 쓰고, 느낀 점 한 줄만 써도 된다.

기록과 리뷰를 습관화해서 자연스럽게 터득한 도서 리뷰 쉽게 쓰는 방법은 다음과 같다.

첫째, 읽은 책 전부를 리뷰하려고 하지 말고, 자신 있는 책을 선정해서 작성한다.

도서 블로그에 관심이 많은 블로그 이웃들은 책 리뷰를 작성하는 데 걸리는 시간을 궁금해한다. 나는 독서를 시작한 후 3개월 후에 블로그에 책 리뷰를 본격적으로 남기기 시작했다. 처음에는 1주일에 두서너 개의 포스팅이 목표였다. 책을 읽고 블로그에 리뷰를 남긴다는 것이 여간 어렵고 힘든 일이 아니었다. 처음에는 1권을 전부 읽고 리뷰 올리기에 급급했다. 하지만 계속하다 보니 포스팅 하나에 3시간이 걸려도 도서 리뷰 기록이 쌓였다. 처음에는 읽고 좋았던 책들만 썼는데, 내공이 쌓이니 이제는 읽은 책 대부분을 리뷰할 수 있는 근육이 생기고 작성 시간도 1시간 이내로 줄었다. 그러니 처음부터 욕심을 내지 말고 할 이야기가 많은 책부터 리뷰에 도전하자.

둘째, 책의 내용을 모두 요약하려고 시도하지 않는다.

내가 처음에 범했던 오류가 책의 모든 내용을 블로그 포스팅에 다 담으려고 했다는 것이다. 필사한 부분을 모두 적고, 인덱스를 붙여놓은 페이지를 꼼꼼히 살펴 나의 말로 바꾸는 작업을 책의 처음부터 끝까지 하려고 노력했다. 리뷰 남기는 일이 어렵다고 이야기하는 사람 대부분의 고민은 독서를 할 때 기억하고 싶은 문장이 많고, 이를 전부 기록하고 싶기 때문이다. 그러면 시간만 오래 걸리고, 정작 작가가 담고 싶은 이야기를 요약하지 못하거나 내가 읽어도 무슨 말인지 이해할 수 없다. 너무 많은 것을 담으려고 했기 때문이다. 이를 깨달으면서 리뷰를 쓰기 시작할 때, 인덱스를 붙여놓은 부분을 다시 읽고, 독서 기록으로 꼭 남기고 싶은 부분만 쓴다. 내가 이해한 부분을 기록으로 남겨야 책에서 얻은 메시지를 오래 기억할 수 있다. 요약하면, 욕심을 버리고 핵심을 파악하는 능력을 기르면 리뷰는 절로 할 수 있다.

셋째, 도서 리뷰를 쉽게 하는 법 중 하나는 질문을 소제목으로 만드는 것이다.

책을 읽은 후 도서 리뷰를 할 때 어떤 내용을 쓸까 고민이 든다면, 질문을 서너 개 정도 뽑아 소제목으로 만들면 리뷰 시간을 대폭 줄일 수 있다. 책을 읽으면서 어떤 소제목을 리뷰에 쓸지를 먼저 생각하고 메모한다. 블로그에 기록하기 전, 질문에 어떤 대답을 적을지 생각하고 전체적인 내용의 흐름에 따라 스토리텔링을 하는 방법으로 리뷰 한 편을 완성한다. 순서는 상관없다. 책의 뒷부분에 나온 부분이지만 강조하고 싶으면 가장 앞에 두괄식으로 작성해도 된다.

책을 읽으면서 기록할 내용의 키워드를 뽑아 카드뉴스로 제작할 부분을 메모해두면 리뷰를 쓸 때 책을 처음부터 다시 펼쳐보지 않아도 된다. 카드뉴스를 만들면서 키워드로 뽑은 부분만 다시 읽고 질문과 키워드가 섞인 몇 개의 소제목으로 한 편의 도서 리뷰가 완성된다. 소제목을 뽑는 과정은 내용을 다시 한번 정리하는 과정이기도 하기에 리뷰 쓰기에도 큰 도움이 된다.

넷째, 책의 날개와 프롤로그를 활용하는 방법이다.

독서 시작 전, 책의 날개에 요약된 저자 소개와 이력을 이해하면 책의 주제를 알고 독서의 방향을 잡을 수 있다. 책의 날개나 띠지 같은 경우 키워드를 함축적으로 담고 있으니 소제목으로 활용하면 한 단락의 글을 쉽게 완성할 수 있다. 프롤로그에는 작가가 책에서 이야기하고 싶은 내용이 요약되어 있고, 책을 출간한 목적이 설명되어 있다. 본문을 읽기 전 프롤로그의 내용을 염두에 두거나 키워드를 메모하고 읽으면 리뷰할 내용을 쉽게 찾을 수 있다. 책의 날개나 프롤로그는 제품의 광고나 영화 예고편 쯤으로 보면 된다. 만약 책의 날개나 프롤로그를 활용하기 어렵다면 목차를 챕터별로 소개하는 방법도 있다.

다섯째, 묘사와 서사를 적절히 섞어 멋진 문장을 만들어 내려고 시간을 소모하지 않는다.

SNS에 올리는 글은 완벽할 필요가 없다고 생각한다. 원고를 기고하거나 책을 쓰기 위한 목적이 아닌, 책을 읽은 후 잊지 않고 삶에 적용하기 위해 자유롭게 나를 표현하는 공간이기 때문이다. 한 문장 한 문장 쓰다가 앞으로 돌아가서 다시 쓰는 게 아니라 원고의 초고를 쓰듯, 일단 생각이 나는 대로 쓰고, 글의 순서는 나중에 고려하면 된다.

도서 리뷰를 하는 사람들이 궁금해하는 것 중 하나는 서평과 독서 에세이의 차이다. 나는 처음부터 내가 서평을 할 수 있는 자격은 안 된다고 생각했다. 서평이란 다양한 분야의 책을 이미 섭렵하고 종합적인 사고와 비판할 수 있는 능력을 두루 갖춘 사람만이 하는 것이라고 생각했기 때문이다. 반면에 독서 에세이는 책을 읽은 후 책에 대해 느끼는 전반적인 의견과 경험을 자유롭게 풀어낸 독후감에 가까운 것이다. 즉 내가 블로그에 기록하고 싶은 것은 서평이 아니라 독서에 대한 자유로운 리뷰였다. 만약 서평을 생각하며 독서 후기를 남겼다면, 몇 번 하다가 금세 지쳤을지도 모른다. 도서 블로그를 시작하고 도서 리뷰를 자유롭게 남기고 싶은 초보자라면 서평이 아닌 독후감이나 본인의 삶이 담긴 독서 에세이의 느낌으로 작성해볼 것을 추천한다. 일기라고 생각해도 무방하다.

　　도서 리뷰를 남기는 쉬운 방법으로 다섯 가지를 제안했지만 가장 중요한 건 계속 쓰면서 글 근육을 강화하는 일이다. 계속 읽고 쓰다 보면 도서 리뷰가 부담되지 않는 날이 온다.

주제를 책으로 정한 후에는 블로그 대문 제목을 고민했다.
독서를 하는 이유는 경제적 자유를 이루기 위해서고,
이를 위해서 기록하고 행동으로
변화하는 독서를 해야 한다 생각했다.

Part 5

도서 인플루언서
되는 블로그
운영 술법

블로그 세팅법

블로그명, 별명, 프로필 사진, 카테고리 만들기

·

　　블로그를 시작하면서 가장 어려운 부분 중 하나가 의외로 블로그 이름짓기다. 별명과 대문 사진을 비롯한 블로그 이름짓기는 부캐의 정체성을 표현하는 중요한 수단이다. 현관문을 열고 처음 들어왔을 때 집의 첫인상이 좌우되는 것처럼 블로그의 대문 사진과 이름은 방문하는 손님에게 첫인상이 된다. 그만큼 중요하다는 의미다. 블로그 이름과 별명을 정하지 못하여 블로그 시작을 계속 미루는 사람도 봤다. 직관적으로 생각나는 이름을 짓고 시작하는 사람은 그나마 다행이다. 만약 고민이 끝도 없이 지속되고 있다면, 이쯤에서 멈추자. 블로그 이름과 별명은 나중에도 변경 가능하니 일단 가안으로 짓고 블로그를 계속하며 고민하는 걸 추천한다.

지나온 시간을 데이터로 바꿔서 정체성을 찾으면 블로그 이름짓기가 훨씬 수월해진다. 내 블로그 이웃들은 대부분 도서 블로거인데, 블로그명이나 닉네임만 보아도 도서 블로거임이 명확한 사람이 있다. 그런 경우 이웃을 맺거나 댓글 소통을 할 때도 거부감이 없다. 블로그의 닉네임을 정할 때는 긴 영어 단어나 의미가 없는 아이디보다는 자신을 홍보할 수 있는 닉네임이 우선이다. 2002년도에 블로그를 처음 개설했을 때는 본명을 넣어서 '예진 아씨'라는 닉네임을 사용했고, 10년 후 해외 방문 경험이 늘어나고 나만의 콘텐츠가 쌓이면서 '꿈꾸는 유목민'이라는 닉네임으로 변경했다.

블로그 주제를 책으로 정한 후에는 대문 제목을 고민했다. 독서를 하는 이유는 경제적 자유를 이루기 위해서고, 이를 위해서 기록하고 행동으로 변화하는 독서를 해야 한다고 생각했다. '독서와 기록으로 변화하는'이 핵심 키워드였다. 변화라는 단어 안에는 현재의 상태에서 벗어나 경제적, 시간적, 공간적, 관계적 자유를 이룬다는 목표가 있었다. 블로그명이 '독서와 기록으로 변화하는 꿈꾸는 유목민'이 된 과정이다.

블로그 프로필 또한 신중하게 써야 한다. 블로그 대문 이름, 별명, 프로필은 블로그를 방문한 이웃이 계속해서 이 사람과 소통하고 싶은지를 결정하는 중요한 요소가 되기 때문이다. 블로그 대문 이름과 별명에 담지 못한 나의 부캐를 표현하고, 블로그의 정체성을 전문적으로 표현할 수 있어야 한다. 블로그 정보의 업데이트는 제약 없이 자유롭게 할 수 있으나, 대부분 블로거는 한 번 세팅된 블로그 정보를 자주 변경하지 않는다. 그만큼 초반에 자신의 정체성을 정하고 이를 글로 표현해놓는 일은 중요하다. 초반에 고민해서 제대로 정한 블로그 대문 이름, 별명과 프로필은 시간이 지난 후에 봐도 현재 본인이 사는 모습과 일치하는 경우가 대부분이다.

다음에 신경 써야 하는 부분은 대문 사진이다. 대문 사진은 프로필 이미지와 모바일 앱 커버 이미지가 있다. 프로필 이미지는 본인이 좋아하는 사진 등 나를 표현할 수 있는 것이라면 무엇이든 괜찮다. 모바일 앱 커버 이미지는 PC 버전과 모바일 버전이 다르므로 따로 설정해야 한다. 나의 꿈은 경제적 자유를 이룬 후 세계여행을 다니는 것이라 세계여행 중의 모습을 프로필 사진으로 등록했다. 블로그 꾸미기는 본인의 기호에 맞게 블로그에서 제공하는 기본 템플릿을 활용할 수도 있고, 미리캔버스나 캔바 같은 디자인 툴을 이용해 꾸며도 된다. 여러 가지 색감을 사용하고, 블로그 템플릿을 적용하여 본인의 스타일을 찾아보자.

　도서 블로그의 카테고리는 본인의 포스팅 스타일에 따라 달라진다. 나는 예전에 정해놓은 카테고리는 비공개 처리하고 다시 만들었다. 도서 리뷰를 메인으로 하고, 도서 분야에 따라 카테고리를 하위로 생성하였다. 도서 리뷰 이외에도 아이와 국내여행, 체험단 등의 카테고리를 만든 후 블로그를 운영하며 추가로 생성했다. 독서 카테고리는 본인의 기호대로 구성하면 된다.

　도서 블로그를 잘 운영하는 사람들을 보면 블로거별로 개성이 드러난다. 도서 분야별로 소설, 인문학, 철학, 과학 등으로 카테고리를 나누는 것이 일반적이고, 명언의 종류, 신간, 종이책과 전자책 등 본인이 자주 올리는 포스팅 위주로 카테고리를 설정하기도 한다. 카테고리 또한 한번 제대로 설정하면 수정할 일이 거의 없다. 도서 블로그의 전문성을 드러내고 싶다면 일상보다는 도서 관련 카테고리를 맨 위에 올려야 한다. 특히 도서 인플루언서가 되고 싶다면 독서와 관련된 게시판을 맨 위로 올리는 게 좋다.

나는 도서 블로그라는 셀프 브랜딩을 완성했고, 독서를 하고 도서 리뷰를 올리는 일을 꾸준히 했다. 독서를 하고 블로그에 기록하고자 하는 사람들은 도서 전문 블로그 '꿈꾸는 유목민'을 떠올릴 것이다. 도서 블로그로서의 브랜딩이 잘된 것이다. 이 모든 과정은 비단 도서 블로그에만 통용되는 것은 아니다.

다른 분야의 블로그라고 하더라도 블로그의 첫인상을 좌우하는 블로그 대문 이름, 별명, 프로필, 프로필 사진, 카테고리 설정을 처음에 잘 세팅해 블로그 관리를 시작하자. 글이 쌓이면 자신만의 셀프 브랜딩이 완성될 것이다.

포스팅 키워드법

제목 뽑기, 사진 찍기, 가독 문단 만들기

　블로그 마케팅에서 가장 중요한 건 키워드다. 키워드란, 쉽게 말해서 사람들이 검색을 많이 하는 단어나 짧은 문장을 말한다. 블로그뿐 아니라 인스타그램이나 상품을 판매하는 사이트도 키워드 전쟁이다. 많은 사람이 검색하는 키워드로 글을 작성해서 블로그에 상위 노출되면 블로그 방문자수가 폭발적으로 증가한다.

　고수들은 '황금 키워드' 파일을 만들어서 초보 블로거들을 유혹하기도 한다. 황금 키워드란, 포털의 검색량보다 포스팅 수가 적은 키워드 모음을 말한다. 예를 들어, 1천 명이 검색하는 키워드에 대한 글이 블로그에 하나도 없는 경우 해당 키워드로 포스팅을 하면 내가 쓴 글이 상위 노출된다. 나도 궁금해서 글을 올린 고수 블로거의 글을 스크랩하고 황금 키워드를 받아본 적이 있다. 황금 키워드를 받으면 나의 블로그 능력 향상에 도움이 될까? 그렇지 않다. 황금 키워드를 이용해서 블로그 글을 중구난방으로 작성하면 오히려 블로그의 전문성이 떨어져 저품질로 빠지기 쉽다. 특히 도서 블로그는 황금 키워드 리스트를 받아도 사용할 수 있는 키워드가 거의 없다.

도서 블로그의 첫 번째 키워드는 책 제목이다. 하지만 베스트셀러 도서 같은 경우 많은 사람이 읽고 리뷰를 쓰기 때문에 책의 제목만으로 키워드를 사용하면 상위 노출이 되지 않을 확률이 높다. 블로그 지수가 높은 사람은 책 제목만으로도 상위 노출이 되기는 하지만 신규로 생성한 블로그는 그렇지 못하다. 오래 운영하고 양질의 글이 쌓인 블로그는 상위 노출 수준이 다르다. 상위 노출이란, PC나 휴대전화의 포털 사이트에서 키워드를 검색했을 때 첫 번째 페이지, 즉 3~4위 안에 본인이 쓴 블로그 글이 노출되는 걸 의미한다. 그만큼 경쟁이 치열하다.

그렇다면 도서로 상위 노출은 어떻게 해야 할까? 다른 분야도 그렇겠지만 동일한 분야의 압도적인 양의 블로그 글이 있어야 한다. 이는 시간이 지나고 글이 쌓여야 가능하다. 하지만 키워드를 잘 골라 제목을 작성하면 상위 노출이 가능하다. 사람들이 검색을 많이 할 것 같은 키워드를 책 제목 이외의 키워드로 2~3개 선정하면 된다.

예를 들면, 손원평의 《아몬드》는 몇 년 동안 스테디셀러였다. 아몬드를 검색하면 책이 아니라 견과류가 나온다. 검색하는 사람은 아몬드라고 검색하지 않고 아몬드 책이라고 검색한다. 책의 제목인 아몬드는 당연히 키워드로 넣고, 작가 이름, 책 추천이나 소설 베스트셀러를 넣어서 '손원평 아몬드 책 추천, 소설 베스트셀러'라고 블로그 제목을 정한다. 그러면 손원평 아몬드 이외에도 아몬드 책 혹은 책 추천, 아몬드 소설, 아몬드 베스트셀러까지 모두 검색 키워드로 잡을 수 있다. 독서를 많이 하지 않는 사람들이 가끔 책을 읽고 싶을 때 어떤 키워드로 검색할까에 대해서 생각해보면 쉽다. 소설을 좋아하는 사람이라면 '소설 추천', '소설 베스트셀러', '요즘 읽을 만한 소설'을 키워드로 검색해서 찾지 않을까? 소설을 읽지 않은 사람은 줄거리를 궁금해한다. 소설 리뷰를 쓸 때는 '줄거리'라는 키워드도 유용하다. 이렇듯 글 제목을 의미하는 키워드 찾기는 블로그 운영에 있어서 가장 중요한 요소다.

키워드를 찾았다면 다음에는 블로그 글에 사용할 사진을 찍어야 한다. 도서 리뷰를 작성할 때 글만 빼곡히 작성하기보다는 단락이 마무리되는 부분에 본인이 직접 찍은 사진을 넣으면 좋다. 사진 없이 빼곡히 작성된 글은 본인의 팬이 아닌 이상, 잠시 방문한 사람들은 오래 머물지 않고 나가버린다. 블로그 운영에서는 방문자의 체류 시간이 블로그 지수에 영향을 준다. 체류 시간을 늘리기 위해서는 양질의 글, 가독성이 있는 글을 작성하는 연습이 필요하다.

이때 글 중간에 삽입된 그림이 방문자의 체류 시간을 늘리는 데 도움이 된다. 이왕 블로그에 직접 찍은 사진을 올리기로 했다면 제대로 찍는 것도 중요하다. 처음 블로그에 사진을 넣을 때 조명을 제대로 활용하지 않아 책에 카메라와 손 그림자가 그대로 있었고, 흔들리는 사진도 많았다. 블로그에 글과 사진이 쌓이자 사진을 제대로 찍고 싶었다. 인스타그램이나 블로그에 누군가가 올린 따뜻한 감성 사진을 보면 나도 그런 사진을 찍고 싶었다. 그래서 온라인 사진 강의를 수강하였고, 한 달 동안 열심히 사진 찍는 과제를 수행했다. 그 결과 얻은 교훈은 세 가지가 있다.

'빛의 활용', '찍는 사람의 정성', '휴대전화 렌즈를 깨 끗이 잘 닦는 것'이다. 이 세 가지만 잘 지키면 양질의 사진 을 찍을 수 있다. 빛과 그림자를 활용한 자연광이 가장 좋지 만, 자연광이 없을 때는 휴대전화의 노출을 가장 밝게 당기 고 피사체 위에 그림자가 보이지 않도록 정성 들여 다각도에 서 찍어야 한다. 무엇보다 중요한 건 휴대전화의 렌즈를 깨끗 이 닦아야 한다는 점이다. 여행 사진을 찍을 때도, 책 사진 을 찍을 때도 우선 휴대전화 카메라의 노출을 가장 밝게 당 기고, 렌즈를 옷으로 닦는다. 그러면 렌즈를 닦지 않고 찍는 사진과 확연하게 차이가 난다. 사진 찍는 사람의 정성이 사 진의 품질에 영향을 끼친다는 걸 알고 한 장에 3천 원가량 하는 배경지를 사서 책 사진을 찍기 시작했다. 주변을 정리 하고 배경지에 책을 놓은 뒤 찍으면 마치 전문가가 찍은 사 진 같다. 꽃이나 소품을 책 옆에 두고 활용하는 것도 사진의 전문성을 높이는 방법이다.

글 제목을 정하고, 사진을 찍었으면 가독 문단을 만들 어야 한다. 가독 문단이란, 글 간격과 적당한 글자 크기, 잘 읽 히는 글씨체를 의미한다. 일반 책을 읽을 때도 글 간격이 너무 좁으면 읽기가 힘들다. 글자 간격은 약 200~230 사이를 추천

블로그 도서 리뷰 이미지 사진

한다. 글자 크기는 너무 작지도 크지도 않은 15~16포인트가 적당하다. 도서 리뷰할 때 글씨체는 개인의 기호에 따라 다르긴 하지만, 손글씨체보다는 나눔고딕이나 나눔명조 같은 정자체를 추천한다.

《마케터의 문장》에서는 확실하게 꽂히는 글쓰기 테크

닉을 알려준다. 그중에서 초보 블로그가 기억해야 할 건 문자 전체의 공백을 늘리고, 항목별로 단락을 나누는 일이다. 블로그에 쓰는 도서 리뷰는 일반 에세이나 논평, 서평과는 다른 형태다. 긴 호흡의 글과는 다르게 블로그의 글은 답답하지 않게 단락을 자주 끊어주어야 한다. 100~150자 정도 작성한 후 엔터를 쳐서 단락과 단락 사이에 공백을 주면 가독성이 높아진다. 소제목을 활용하여 말하고 싶은 항목을 나누고 책 속의 인용 문구와 본인의 생각을 따로 분리해야 한다. 마지막으로 문단마다 직접 찍은 책 사진을 넣어 읽는 사람의 눈이 중간에 있는 이미지로 호흡할 수 있게 하면 가독성 있는 블로그 글이 만들어진다.

효자 포스팅 만드는 법

모두 효자가 될 수는 없다

·

블로그를 운영할 때 가장 중요한 운영 술법이 '효자 포스팅 만드는 법'이다. 블로그 수익화를 꿈꾸는 사람이라면 특히 중요하다. 블로그에 올린 글이 상위 노출되고 검색이 많이 되는 키워드라면 방문자수와 조회수를 높일 수 있는데, 사실 쉽지는 않다. 블로그를 시작했다가 포기하는 사람의 대부분은 몇 번 포스팅해도 블로그 방문자수가 늘지 않아 재미를 못 느끼고 실망하기 때문이다. 내가 블로그를 2002년에 개설하고 여러 번 시도했지만 지속하지 못했던 이유이기도 했다. 독서 기록이 내 블로그에 쌓이는 것만으로도 만족한다고 하지만,

읽어주는 사람이 없으면 지속하기 힘들고 힘이 빠진다.

이럴 때 필요한 건 '효자 포스팅'이다. 효자 포스팅이란, 사람들이 많이 조회할 만한 글을 상위 노출 조건에 맞게 다른 여느 포스팅보다 더욱 정성 들여서 작성한 글을 말한다. 정성 껏 작성하여 조회수가 높아진 글이 효자 포스팅이다.

나의 첫 효자 포스팅은 야마구치 슈의 《철학은 어떻게 삶의 무기가 되는가?》 도서 리뷰였다. 책을 읽으며 열심히 필사한 부분에 내 생각을 보태서 길게 포스팅하였다. 이 책은 블로그에 글을 쓸 당시 베스트셀러이기도 했다. 블로그에 글을 올린 다음 날부터 블로그 방문자수가 갑자기 증가했다. 주요 유입 키워드는 '철학은 어떻게 삶의 무기가 되는가'였다. 블로그에 본격적으로 글을 올리고 한 달 동안 방문자수가 40명을 넘지 않았는데, 이 포스팅을 올리고 하루에 200명이 넘기 시작했다. 10일 후에는 이미예 작가의 《달러구트 꿈 백화점》, 또 10일 후에는 김난도 작가의 《트렌드 코리아 2021》을 읽고 도서 리뷰를 올렸는데, 첫 번째 효자 포스팅과는 차원이 달랐다. 도서 리뷰를 본격적으로 올린 지 3개월 만에 일 방문자수가 1천 명이 넘었다. 대부분이 《트렌드 코리아 2021》과 《달러구트 꿈 백화점》으로 유입되는 블로그 방문객이었다. 한 달 후

에는 손원평 작가의 《아몬드》가 상위 노출되어서 일 방문자수
가 1~2천 명대로 유지되었다. 대부분이 검색해서 들어온 사
람이었다. 3개의 효자 포스팅이 상위 노출되었고, 제목으로 올
린 키워드는 책 제목과 저자의 이름이 전부였다. 다른 키워드
를 사용하지 않고도 상위 노출될 수 있었던 이유는 세 권의
책이 모두 그 당시 베스트셀러였고, 상위 노출 법칙으로 글을
작성했기 때문이다. 만약 다른 주요 키워드를 2~3개 추가했더
라면 조회수는 더 많이 늘었을 것이다.

　　블로그 상위 노출 법칙은 비밀이 아니다. 글자 수는
2500자 이상, 직접 찍은 사진은 7장 이상, 제목 키워드는 본문
에 5번 정도 반복하면 가능하다. 물론 블로그 포스팅 제목은 사
람들이 검색을 많이 하는 키워드를 사용해야 하고, 지속해서 블
로그에 양질의 글을 발행해야 한다. 도서 블로그는 책 제목이
곧 키워드기 때문에 키워드를 따로 생각하지 않아도 되는 장점
이 있지만, 그만큼 상위 노출되기 힘들다.

　　그럴 때는 책 제목 외에도 사람들이 검색할 만한 키워
드를 찾아 블로그 제목에 2~3개 정도 함께 노출하는 것도 방
법이다. 어떤 드라마의 원작 소설이 있다면, 책과 드라마 키워
드를 노려볼 수 있다. 예를 들어, 수지 주연의 〈안나〉라는 드

라마가 쿠팡 플레이에서 방영이 되고 화제의 작품이 되었는데, 이 드라마의 원작은 정한아 작가의 《친밀한 이방인》이다. 《친밀한 이방인》을 읽고 블로그에 도서 리뷰를 남긴다면 '친밀한 이방인, 정한아' 이외에도 '수지 주연 안나 원작', '안나 원작 반전 결말', '장편소설 추천', '베스트셀러 소설' 중에 2~3개의 키워드를 추가로 넣는 방법이 있다. 드라마 원작이나 결말이 궁금해서 조회할 수 있고, 독서를 즐기지 않는 사람도 가끔 요즘 베스트셀러가 궁금해서 검색하는 경우가 많다. 나는 《친밀한 이방인》의 도서 리뷰 제목을 "친밀한 이방인, 정한아 장편소설, 수지 주연 '안나' 원작, 반전 결말 기대"로 작성했다. 상세 유입경로는 친밀한 이방인, 안나 원작, 정한아, 친밀한 이방인 결말, 안나 소설, 반전 소설 등이었다.

도서 블로거가 책 이외에 다른 포스팅을 효자 포스팅으로 만드는 방법도 있다. 시 추천, 위로 시 모음, 짧고 좋은 구절, 좋은 글귀, 행복 명언, 인생 명언, 필사하기 좋은 책, 책 추천, 추천 도서 등을 키워드로 쓰고, 이를 효자 포스팅 체크 리스트를 활용하여 상위 노출 조건에 맞춰 블로그 글을 쓰면 된다.

효자 포스팅을 위해 가장 중요한 방법은 통계를 활용하

는 것이다. 블로그에 글을 발행한 후 조회수와 유입 키워드를 블로그 통계 메뉴에서 분석해 다음 블로그 포스팅에 활용할 수 있어야 한다. 내 글이 블로그에 쌓이면 통계를 유용하게 활용할 수 있다. 예를 들면, '신간 도서'라는 서브 키워드를 사용했을 때 상위 노출되었고 이로 인해 조회수가 늘었다면 다음 포스팅에도 활용해볼 수 있다.

이렇게 정성껏 작성된 효자 포스팅 몇 개가 상위 노출되면 방문자수는 당연히 늘어난다. 포스팅하는 모든 글에 에너지를 쏟을 수 있다면 좋겠지만, 블로그는 장거리 달리기와 같다. 나의 성장과 함께 오래갈 수 있어야 한다. 즉 모든 포스팅을 효자 포스팅처럼 작성할 필요는 없다. 상위 노출될 수 있는 글을 꾸준히 올리면 사람들이 검색하는 글도 처음에는 1개에서 10개, 10개에서 100개로 계속 늘어난다. 압도적인 양이 필요한 이유는 작성한 블로그 글이 쌓이는 만큼 조회될 글도 늘어나기 때문이다.

블로그에 글을 쓰고 상위 노출을 하는 방법은 도서 블로그에 필요한 기법이다. 하지만 독서를 하고 본인의 언어로 기록하여 한곳에 양질의 글이 쌓이는 게 가장 중요하다. 변하고 싶어 하는 자신을 위해 독서 후 기록을 계속하면 법칙을 생각하지 않아도 자연스럽게 노출되는 독서의 기록이 쌓이게 될 것이다.

예약 발행법

시스템을 활용하면 프로페셔널해진다

．

"도서 리뷰를 매일 하는 방법이 궁금해요."

"꿈꾸는 유목민 님의 블로그를 보니 매일 다른 책으로 리뷰를 남기시던데, 비법이 있나요?"

"어떻게 매일 같은 시간에 도서 리뷰가 올라오나요?"

몇 차례 도서 블로그 특강에서 수강생들이 한 질문이었다. 매일 하면 된다는 당연한 대답을 바라면서 한 질문은 아닐 것이다. 그렇다면 나는 도서 리뷰를 어떻게 매일 할 수 있었을까?

도서 리뷰를 매일 1권씩 꾸준히 발행하는 나만의 비밀이 있다. 바로 예약 발행을 활용하는 것이다. 예약 발행의 힘은 크다. 예약 발행은 블로거들도 잘 모르거나 자주 활용하지 않는 기능이다. 하지만 예약 발행의 매력을 알고 이를 잘 활용하면 꾸준히 할 수밖에 없는 힘이 길러진다. 다음이 내가 강조하는 예약 발행 활용법이다.

첫째, 매일 같은 시간대로 예약 발행한다. 네이버 블로그는 예약 발행 기능이 있다. 날짜와 시간을 지정하고, 시간은 10분 단위로 선택할 수 있다. 예약 발행 날짜와 시간을 지정하면 그 시간에 글이 자동으로 올라간다. 나는 처음에 예약 발행 기능은 알았지만, 활용법은 몰랐다. 처음에는 책 1권당 도서 리뷰를 작성하는 데 약 3~4시간이 걸렸다. 책을 읽고 도서 리뷰를 블로그에 발행하는 것만으로도 버거웠다. 평일 늦은 시간이나 주말에 2권을 연속으로 발행하기도 했다. 블로그에 도서 리뷰가 쌓이는 즐거움으로 블로그 운영을 꾸준히 했지만, 매일 책을 읽고 글을 올리기 힘들었다. 블로그에서 자주 소통하는 이웃 블로거가 매일 아침 같은 시간에 포스팅하기에 어떻게 매일 오전 시간에 글을 발행하는지 댓글로 물어봤다. 대답은 '예약 발행'이었다. 나에게는 '아하'

의 순간이었다. 블로그 운영에도 체계가 필요하다고 깨달았다. 그때부터 도서 리뷰는 무조건 오전 7시 10분으로 예약 발행했다. 같은 시간으로 글이 발행되게 세팅했더니 블로그 운영에 책임감이 더해졌다. '블로그를 나의 온라인 빌딩이라고 생각하고, 매일 찾아오는 블로그 손님이 예측할 수 있는 시간에 글을 발행하면 고정 팬이 생기지 않을까?'라는 생각도 했다.

발행 시간을 오전에 세팅한 특별한 이유는 없었지만, 오전 시간 포스팅이 효율적이라는 것은 시간이 지난 후 깨달았다. 《트렌드 코리아 2022》에서 바른생활 '루틴'이라고 표현하는 새벽에 기상하는 사람들은 블로그 활용을 많이 한다. 새벽 기상 후 책을 읽고, 필사하고, 운동한 기록을 블로그에 적는다. 즉 새벽 시간대에 블로그를 방문하는 사람이 많다. 새벽 기상 시간이 지나면 직장인들은 출근을 한다. 출근 시간, 이동 시간 혹은 업무 전에 블로그를 검색하고 살펴보는 사람이 많다는 건 블로그 방문 시간 통계를 살펴보고 알았다. 그리하여 도서 리뷰는 매일 같은 시간에 포스팅하고 추가로 발행하는 글은 바로 포스팅한다. 혹은 첫 번째 포스팅을 하고, 5시간 후에 예약 발행으로 걸어놓는다. 한꺼번에 많은 글을 발행하면 블로그 이웃에게 도배글처럼 보일 수 있기 때문이다.

둘째, 도서 리뷰를 약 3편 정도 미리 작성해놓는다. 약 2주간의 스케줄을 예측해 1주일 치를 미리 작성해놓을 때도 있다. 예약 발행은 나를 시스템에 가두는 좋은 방법이다. 예약 발행을 하려면 포스팅을 미리 작성해야 한다는 전제가 있다. 미리 작성할 때 발행할 글을 몇 편 더 작성해놓는 방법을 강력히 추천한다. 책을 읽고 리뷰를 꼭 남겨야지 하면서도 막상 리뷰를 하려고 하면 핑계가 생긴다. 술 약속이 생기거나, 집안 행사가 있거나, 리뷰하려고 앉았는데 책의 내용이 생각 안 난다든가, 갑자기 쓰기 싫어지는 마법을 경험한다. 나도 처음에는 몇 개의 포스팅을 먼저 작성해놓을 생각을 하지 않았다. 예약 발행을 한다고 해도 주중에 읽은 책을 평일에 작성하는 작업이 부담됐다. 한번은 주중에 읽은 책을 주말에 몰아서 작성하고 3편 정도 예약 발행을 걸었더니 마음이 느긋해졌다.

쫓기듯이 도서 리뷰를 하면 무엇을 써야 할지 생각도 잘 나지 않고 어떤 때는 노트북을 보기도 싫어진다. '나는 왜 블로그를 한다고 했지? 굳이 이렇게까지 하면서 블로그를 매일 해야 해?' 하며 자괴감에 빠지거나 자기 의심이 시작된다. 그 순간 내 마음의 핑계와 타협한다. 하기 싫은 마음들과 타협하지 않으려고 미리 작성해놓는 시스템을 만들었더니 계속하는 힘이 생겼다. 그 이후에는 느긋하게 롤링하듯이 3일 후에 발행될 예약 도서 리뷰를 평일 저녁에 1편씩 작성했다. 바쁜 일이 있거나 쓰기 싫은 날은 건너뛰어도 나에게는 아직 3편의 도서 리뷰 군사가 남아 있으므로 든든하다.

예약 발행은 나를 시스템에 가두어 글을 계속 작성하게 하는 방법이지만, 가장 중요한 건 습관화다. 한 달 후, 1년 후까지 생각하지 않고 그날의 할 일이라고 고정해서 계속하는 습관이 중요하다. 양치하듯이 매일의 습관처럼 독서와 글쓰기를 하면 하루하루가 쌓여 1주일이 되고 한 달이 된다. 습관화는 결국에는 작은 성취에서부터 시작한다. 계속할 수 있는 힘은 작은 성취를 계속 이루면서 생긴다. 처음 시작한 나의 작은 성취는 논어 필사 100일 완주, 네이버 블로그 챌린지 100일 3번 완주였다. 인생이 변하고 싶으면 논어를 읽으라는 말에 카카오 챌린지 프로그램에 등록했다. 노트에 손으로 꾹꾹 눌러쓰는 하루 한 페이지 논어 필사를 끝내고 나니 내용은 잘 생각나지 않지만 완주했다는 만족감을 주었다. 그걸로 족했다. 네이버 블로그 챌린지는 블로그에 위젯을 달아놓고 매일 글을 쓰는 것이다. 도서 리뷰로는 불가능할 것 같아 아이와의 일상을 포스팅하는 도전을 했다. 일상 포스팅이니 이야기하듯이 부담 없이 할 수 있었다. 3번의 100일 챌린지를 마치고 나니,

무슨 일이든 꾸준히 할 수 있을 것 같은 자신감이 붙었다. 혼자 하겠다고 결심하지 않고 각 플랫폼에서 제공하는 챌린지 프로그램 시스템을 활용했더니 지속할 수 있었다.

배달의 민족 김봉진 대표는 "아무것도 하지 말고 하루하루 탁상 달력에 'X'를 긋는 일만 딱 100일 해보세요."라고 조언한다. 'X'를 긋는 일은 정말 쉽다. 그 행위를 100일 동안 한다는 것은 습관 들이기를 작은 성취로 연습한다는 의미가 아닐까? 이는 나를 가벼운 시스템에 가두는 것에서부터 시작된다.

댓글 달기 기술법

주고받아야 팬이 생긴다

댓글 달기는 블로그 이웃과 소통하는 방법이다. 페이스북이나 카카오스토리 같은 SNS의 경우에는 지인들과의 소통 수단이다. 일상 글을 올리면 지인들이 보고 댓글을 단다. 하지만 블로그의 경우에는 대부분 모르는 사람이 방문하기 때문에 처음에는 글을 올려도 아무 반응이 없다.

블로그에 도서 리뷰를 올리기 시작했을 때 댓글에 대한 기대를 아예 하지 않고 시작했다. 나 혼자만의 독서 기록이라고 생각해야 지속할 수 있다고 생각했기 때문이다. 글이 쌓이자, 나의 도서 리뷰를 읽고 댓글을 달아주는 이웃이 생겼다.

답방 후 이웃의 글을 읽고 댓글을 달자, 이웃이 '대댓글'을 달 았다. 모르는 사람과 댓글을 통해서 소통하는 경우는 처음이라 어색했지만 차차 익숙해졌다. 신나고 재미도 생겼다. 지인 중에는 책을 읽고 기록을 남기는 사람이 한 명도 없었기에 온라인상의 이웃들과 소통이 즐거워졌고, 블로그가 나의 부캐 놀이터가 되었다.

블로그나 다른 SNS를 운영할 때도 댓글을 주고받아야 팬이 생긴다. 하지만 소통하는 방법에도 법칙이 있다. 이웃과 소통이 중요하다고 해서 의미 없는 댓글을 다는 방법은 좋지 않다. 이웃의 글을 읽지도 않고 '글 잘 읽었어요. 답방 부탁드려요', '즐거운 하루 보내세요', '흔적 살짝 남기고 갑니다' 등 영혼 없는 댓글을 다는 사람들이 있다. 무조건 답방을 요청하여 본인의 글을 읽어달라는 건 예의가 없는 강요가 아닐까 생각한다.

매크로로 돌리는 댓글은 티가 난다. 매크로는 클릭과 문자입력을 자동으로 남기도록 구성한 프로그램이다. 블로그에 내가 작성한 제목을 카피한 후 '무슨 무슨 글 잘 읽고 갑니다'와 같은 댓글이 대표적이다. 이런 댓글은 상대방의 답방을 유도하기보다 차단을 유도하는 댓글이다. 초반에 나는 이런 댓글에도 무미건조하게 '감사합니다'라고 했으나, 요즘은 모두 삭제한다. 글을 읽고 댓글을 남긴 것도 아니고 어차피 내 글을 읽을 생각도 없는 방문자이기 때문에 가끔 해당 방문자를 차단하기도 한다. 댓글이나 '좋아요'를 위해서 다른 블로그에 방문하는 게 아니라, 진정한 소통을 하고 싶기 때문이다. 대신 정성 들여 댓글을 달아주는 이웃의 블로그에는 매일 빠지지 않고 방문해서 글을 읽고 소통한다. 일정이 꽉 차 있어 내 블로그에 '대댓글'을 달 시간은 없어도 소통하는 이웃 블로그에는 꼭 방문해서 댓글을 단다.

이다혜 작가의 《처음부터 잘 쓰는 사람은 없습니다》에서는 지치지 않고 글을 지속해서 쓰는 가장 큰 힘은 누군가 읽어준다는 믿음이라고 했다. 은유 작가의 《쓰기의 말들》에서는 무플보다 악플이 낫다며 댓글을 달아준다는 건 나에 관한 관심의 표현이라고 이야기한다. 본인에게 관심이 있는 게 부담되는 사람이라면 이를 바라지도 않겠지만, 글쓰기는 보통 남이 내 글을 읽어주었으면 하는 마음으로 시작한다.

블로그를 운영하면서 알게 된 건 먼저 주면 내가 준 것보다 더 많이 돌아온다는 것이다. 매력적인 블로그에 방문해서 글을 읽고 댓글을 남기면 진심으로 소통하는 이웃이 생긴다. 누군가 먼저 나에게 다가오기를 기다리기보다 먼저 주어야 한다. 이런 법칙으로 인스타그램 운영도 시작했다. 처음에 인스타그램은 페이스북처럼 지인들에게만 공개하는 계정으로 사용했다. 블로그에서 도서 리뷰를 하고 있으니 동일한 내용을 인스타그램에도 업데이트하였는데, 나의 지인들은 독서에 관심이 없었기에 내가 올리는 피드에 관심이 없었다. 인스타그램에 올려도 아무 반응이 없어서 피드 올리기를 접었다. 블로그를 1년 반 정도 운영해보니 인스타그램의 방향성도 터득하게 되었다. 인스타그램을 공개 계정으로 돌리고 책 계정으로 인스타그램의 방향성을 정했다. 인스타그램 계정 중에 독서 피드를 올리는 계정을 먼저 팔로우하고 '좋아요'를 열심히 눌러 손품을 팔았더니, 팔로우 수가 늘고 내 피드에 '좋아요'가 쌓였다. 방법은 내가 먼저 '주는 것'이었다.

간혹 글을 열심히 올리는데 방문자가 늘지 않는다고 불평하는 사람이 있다. 이웃의 댓글에 반응하지 않고, 시간이 없다는 이유로 이웃의 블로그에 방문하지 않기 때문이다. 이런 경우 SNS를 운영하면서 지치지 않는 방법으로 자신의 고정적인 팬을 만들어볼 것을 추천한다. 무리할 필요는 없다. 나는 회사에 다니고 아이를 키우면서 블로그를 운영했기에 책을 읽고 도서 리뷰를 하는 것만으로 에너지가 소모되었다. 그래서 이웃활동을 내가 할 수 있는 범위 이상으로 활발하게 하지는 않았다. 내 글을 잘 읽어주고 댓글을 정성스레 달아주는 이웃에게는 그만큼 에너지를 이웃과 소통하는 데 쏟는 게 당연했다. 내가 할 수 있는 만큼만 정성을 기울였다. 본인의 에너지에서 할 수 있는 만큼만 하면 된다.

블로그에서 주고받는 댓글 소통을 하면 나와 관심사가 같은 사람을 찾을 수 있다. 독서와 블로그를 하기 전에는 만나는 사람이 직장 동료들과 가족, 친구들로 제한적이었다. 인생을 바꾸려면 주변 사람부터 바꿔야 한다는데, 쳇바퀴 도는 일상을 사는 회사원에게는 불가능한 일처럼 느껴졌다. 하지만 도서 블로그를 시작하자, 독서와 글쓰기를 좋아하는 블로그 이웃이 늘었다. 제주에 오면서부터 제주로 여행 오거나 제주에 살고 있는 블로그 이웃을 직접 만나기 시작했다. 글쓰기 강사를 은퇴하고 제주 3개월 여행을 오신 분, 퇴사 후 성공적인 디지털 노마드의 삶을 살다가 제주로 오신 분, 제주에서 세 아이를 키우고 계신 분, 목회 활동을 평생 해오다가 블로그로 새 인생을 열고 계신 분, 블로그를 통해 필사 모임을 함께하다 친해져서 만남을 추진한 분까지 다양하다. 같은 관심사를 가진 분들이라 만나면 시간 가는 줄 모르고 좋은 기운을 얻었고, 오히려 내가 많이 배웠다. 이런 만남이 가능한 이유는 관심 분야가 같기도 하지만, 진심 어린 댓글 소통의 힘이 아니었을까 생각한다. 진심은 힘이 세다.

멘토 활용법

전문가의 도움은 지름길이다

．

　가끔 도서 블로그를 처음 시작한 사람이 나의 블로그를 벤치마킹한다는 댓글을 남긴다. 블로그 글쓰기 강의를 신청한 수강생 중에는 내가 작성한 도서 리뷰를 한 편씩 필사하고 있다는 분도, 노하우를 커닝하고 싶어 강의를 신청하신 분도 있었다. 타 블로그 강의를 들으며 내 블로그를 벤치마킹하겠다고 블로그에 선언한 분도 계셨다. 하나같이 신기한 경험이었다.

　나에게도 초보 시절이 있었다. 기억에 남는 독서를 해야겠다고 다짐했으나 방법을 몰랐다. 필사 노트에 읽은 내용을 정리했고, 3개월 후에는 블로그에 도서 리뷰 카테고리를 만들어 기억하고 싶은 부분을 필사하고 세 줄 감상평을 적었다. 짧은 도서 리뷰 30편 정도를 작성하면서 다른 블로그를 기웃거리기도 했다.

어느 날, 도서 전문 블로그에서 매일 독서 인증과 동시에 1주일에 한 번 도서 리뷰를 남길 사람을 모집했다. 도서 인증 리더의 서평 양식을 벤치마킹해 4주 동안 블로그에 도서 리뷰를 했다. 간단한 가이드와 코칭을 받았더니 무턱대고 혼자 할 때보다 내용이 정리되었다. 2개월 후에는 10주 코스 블로그 마케팅 온라인 강의를 들으며 블로그에 직접 적용했다. 블로그의 대문을 꾸미고, 키워드와 글 작성 방법 등을 자세하게 알려주는 강의였다. 전문가의 도움을 받았더니 블로그가 기초 공사가 튼튼하게 된 나만의 온라인 빌딩이 되었다. 배운 방식을 적용하며 하루하루 글을 쌓았더니 블로그 조회수와 이웃수가 늘었고, 무엇보다 오픈된 곳에 글을 쓰는 일이 두렵지 않았다.

도서 블로그를 운영한 지 1년 반쯤 지나자, 블로그를 시작하는 사람에게 멘토가 될 기회가 생겼다. 블로그 강의를 준비하면서 《아주 특별한 성공의 법칙》을 읽었는데, 이 책의 저자인 존 리 듀마스가 말한 9가지 탁월한 성공 법칙 중 하나는 '멘토를 찾는 것'이었다. 가장 완벽한 멘토는 내가 1년 후에 되고 싶은 모습을 가진 사람이라고 했다. 오랜 경험이 있어야 꼭 멘토가 될 수 있는 건 아니라는 전문가의 조언이 강의를 시작하게 된 계기가 되었다.

초기 두 번의 강의 주제는 '인생이 변하는 도서 블로그'였다. 회사에서 해외 직원들을 교육한 경험 이후 처음으로 20명이 넘는 사람을 상대로 강의했다. 독서와 자기계발에 관심이 많고, 블로그에 도서 리뷰를 하는 사람들이었다. 2시간 동안 내가 독서와 글쓰기를 시작하게 된 여정과 블로그 운영에 필요한 방법을 쉬는 시간 없이 풀어나갔다.

두 번의 짧은 강의로 자신감을 얻게 된 나는 본격적으로 강의안을 짠 뒤 네이버 엑스퍼트에 도서 블로그 초보자를 위한 강의를 시작했다. 몇 번에 걸친 일대일 강의는 강의자로서 성숙할 수 있는 계기가 되었다. 결국 《아주 특별한 성공의 법칙》에서 말하는 '1년 후에 되고 싶은 모습을 가진 사람'이 되었다고 스스로 정의할 수 있었다.

그 이후에 강의안을 대폭 보완하고 소수정예로 '빡센 블로그 글쓰기'라는 타이틀로 온라인 강의를 시작했다. 소수정예의 멘토가 되어 2년 동안 쌓은 블로그 노하우를 공유하며 초보 블로거들의 성장을 도왔다. 강의 둘째 주까지는 변화가 미미했지만, 이후에 수강생들은 양질의 도서 리뷰를 블로그에 발행하기 시작했다. 수강생들의 멘토가 되어 하루하루 성장하는 과정을 수치화해서 강의 시간마다 공유했다.

단순히 블로그 운영 지식을 알려주는 강의가 아니라, 독서와 블로그로 수강생의 자기계발을 돕는 코칭을 한다는 다짐으로 강의안을 기획했다. 알고 있는 지식을 전수하는 건 물론이고 한 사람의 성장을 돕는다고 생각하니 강의가 끝나고도 그 인연은 끝나지 않았다. 나는 각 기수의 단톡방에서 이전 수강생들의 성장을 모니터링했다. 월말에는 다음 달에 1일 1포(하루에 한 개의 포스팅)를 함께할 이전 수강생들이 다시 모이고, 한 달 동안 단톡방에 블로그 포스팅을 공유하고 서로 소통한다. 단순히 강의로 끝나는 것이 아니라, 그들에게 지속할 수 있는 시스템을 만들어주는 게 목표이기도 하다.

그들을 보고 있노라면 블로그를 개설하고 짧은 글이나 사진만 열심히 혼자 올렸던 시절이 생각난다. 블로그를 개설한 초기에 나에게 멘토와 코치가 있었더라면 어땠을까? 20년이 넘는 시간 동안 나만의 성장 히스토리가 온라인상에 꾸준히 기록

되지 않았을까 하는 생각에 아쉬운 마음이 들기도 한다. 하지만 방황했던 시간이 있었기에 다른 사람의 성장을 돕는 멘토가될 수 있었다고 믿는다.

왕초보가 초보를 탈피하는 순간은 갑자기 찾아오지 않는다. 김성미 MS 코리아 매니저는 《어치브 모어》에서 모든 일에는 구조가 있는데, 계획한 바를 이루기 위해서는 구조를 파악하는 일이 무엇보다 중요하다고 했다. 무턱대고 열심히만 한다고 왕초보가 초보가 될 수는 없고, 당연히 초보가 전문가가되지도 않는다.

더 빠른 성장을 위해서는 전문가의 도움이 필요하다. 효율적으로 운영하기 위한 구조를 파악한 후 시작하면 더 빠른성장을 이룰 수 있다. 혹은 내가 닮고 싶은 사람이나 SNS를자세히 벤치마킹하고 적용하는 과정이 필요하다.

전문가는 나보다 1년 앞선, 혹은 1년 후에 내가 되고 싶은 모습을 가진 사람이면 된다. 1년 앞선 사람의 노하우를 흡수한 후 계속하다 보면 본인만의 방식으로 본격적으로 시작할수 있다.

많은 사람이 독서를 하는 행위만으로 변화를 바란다.
하지만 그건 걸음마에 불과하다.
가장 중요한 건 독서 후 실행이다.
실행하는 힘은 기록으로부터 시작한다

Part 6

또 다른
꿈유를 위한
꿈유 레시피

변화의 맛

도서 블로그 1년 만에 인생이 달라지기 시작했다

.

독서를 시작했다고 해서 갑자기 인생이 달라지지는 않는다. 책의 메시지를 받아들여 한 가지 행동이라도 하기 시작할 때 변화가 찾아온다.

김경일 교수의 《지혜의 심리학》에서는 좋은 습관을 형성하기 위해서는 좋은 질문을 반복하며 스스로 설득하라고 한다. 로버트 마우어의 《아주 작은 반복의 힘》에서는 작은 질문을 던지면 창의성을 발현하는 데 도움을 준다고 한다. 이를 적용해서 책 속에서 질문의 중요성에 대한 메시지를 얻은 후

생활 속에서 질문하기 시작했다. 일상에서 작고 긍정적인 질문을 던지고, 혼자 대답하는 연습을 해본 것이다.

"나는 무엇으로 하루의 시간을 낭비하고 있을까?"
"휴대폰!"
"휴대폰으로 무엇을 보고 있는가?"
"인터넷 뉴스, SNS!"
"휴대폰 하는 시간을 좀 더 생산적으로 보내려면 어떻게 해야 할까?"
"자기계발 유튜브를 시청하거나 휴대폰으로 전자책을 읽는다."

질문을 던지고 스스로 대답하고 결론을 냈더니, 의식적으로 내 행동이 관찰되기 시작했다. 휴대전화를 잡고 있는 시간을 의식했더니 자연스레 독서하는 시간이 늘어나는 효과도 있었다.

《N잡하는 허대리의 월급 독립 스쿨》에서 전자책으로 파이프라인을 만든 과정을 읽으며 크몽에서 왕초보용 전자책도 등록했고, 《김미경의 리부트》를 읽고 김미경 유튜브 대학에 등록해 디지털 트랜스포메이션이 되기 위해 온라인상에서 필요한 기술을 수강하고 실습했다. 《인생의 차이를 만드는 독서법, 본깨적》을 읽은 후 노트를 만들어 기억하고 싶은 문구와 느낀 점을 적었고, 333 재독법(기억에 남는 책 내용을 3일 동안 3명에게 3분 동안 이야기하기)을 실천하기도 했다. 주식투자를 제대로 하려고 마음먹었을 때도 책을 읽고 행동했다. 투자를 하려면 기업의 정보를 읽을 수 있어야 했고, 기업 정보를 읽으려면 회계의 기초를 알아야 했다. 그렇게 《회계 천재가 된 홍대리》라는 기초 서적을 선택해서 읽기도 했다.

독서를 하며 첫 3개월 동안은 필사 노트에만 실천 내용을 적다가 도서 리뷰를 블로그에 올리기 시작했다. 독서하며 체험하고 깨달은 점, 나의 과거와 현재, 실천하거나 따라하고 싶은 일, 미래에 되고 싶은 나에 대해서 솔직하게 자기검열을 최대한 배제하며 글을 썼다. 책에 있는 내용을 객관적으로 서평하는 방식이 아닌, 나의 감정과 경험을 중심으로 긍정적인 다짐을 글로 썼더니 블로그에 쓴 도서 리뷰가 긍정 확언문이 되었다.

'쓰면 이루어진다'는 말은 한 번 쓰기만 하면 이루어진다는 의미가 아니다. 계속 쓰면서 뇌에 새기면 애쓰지 않아도 원하는 방향으로 인생이 흘러가게 된다는 의미가 아닐까? 이렇듯 내 도서 블로그는 원하는 모습을 그리고 하나씩 행동하며 이루는 과정을 나타내는 공간이 되었다.

도서 블로그를 운영한 지 1년 만에 독서, 기록, 확언했던 과정이 쌓여 조금씩 인생이 변하기 시작했다. 1권의 책을 완독하고 도서 리뷰 한 편을 작성한다는 건 하나의 작은 성공을 의미한다. 나는 2년 반 동안 블로그 글쓰기를 매일 지속하고 있다. 작은 성공이 쌓이자, 끈기가 없어 지속하지 못한다는 스스로에 대한 부정적인 정의를 지울 수 있었다.

새로운 걸 도전할 때 우선 행동할 수 있는 용기도 생겼다. 예전에는 무언가를 배우면서도 '끝까지 할 수 있을까?'라는 걱정을 했다면, 이제는 그런 생각 없이 실행부터 한다. 나는 휴대전화로 사진 찍는 법, 동영상 편집하는 법, 아이패드로 그림 그리는 법, 온라인으로 수익 창출하는 법에 대한 강의를 듣고 바로 실행했다. 보도 섀퍼의 《열두 살에 부자가 된 키라》에서는 뭔가를 계획했다면 72시간 안에 실행하라고 한다. 그 방식을 따라서 '내가 할 수 있을까' 하고 망설이는 시간보다 직관을 믿고 실행하는 방법을 택했다. 도서 인플루언서가 된 후 여러 개의 커뮤니티에서 도서 블로그 운영에 대한 강의 요청이 왔을 때 바로 승낙할 수 있었던 이유도 바로 이런 실행의 내공이 쌓였기 때문이었다.

한때 '나만 빼고 다 이상해!'라고 생각한 시선이 달라진 건 독서를 시작한 후 얻은 가장 중요한 결실이자 변화였다. 모든 괴로움과 즐거움은 결국 내 마음 안에서 일어나고 있었다. 독서하고 내 이야기가 담긴 도서 리뷰를 블로그에 쓰면서 자연스레 마음공부 하는 시간을 가질 수 있었다. 마음을 들여다보는 글쓰기 수업을 들었고, 심리상담센터에서 몇 차례 상담도 받았다. 마음을 챙기기 시작하면서 독서와 글쓰기를 지속할 힘을 얻는 일상의 선순환이 계속되었다. 독서로 얻고 싶었던 건 독서 근육, 글 근육, 생각 근육 이외에도 마음 근육이었다. 마음속에서 일어나는 문제를 외부의 문제로 바라보지 않고, 내부에서 바라보며 내 생각과 나를 변화시키는 것이 세상을 바꿀 수 있는 일이라는 걸 알게 되었다. 김주환 교수는《내면소통》에서 평화롭고 잔잔한 마음 상태를 유지하면 스스로 하고자 하는 일에 더 집중하고 꾸준히 할 수 있는 힘을 얻게 된다고 했다. 평화로운 마음 상태를 유지하는 일, 하고자 하는 일을 꾸준히 할 수 있는 힘을 얻게 된 건 독서와 기록으로 가능해졌다.

많은 사람이 독서를 하는 행위만으로 변화를 바란다. 하지만 그건 걸음마에 불과하다. 가장 중요한 건 독서 후 실행이다. 실행하는 힘은 기록으로부터 시작한다.

시간의 맛

남는 시간에 하는 게 아니야

북토크에서 만나는 저자뿐 아니라 성공한 사람에게서 사람들이 가장 궁금해하는 것 중 하나가 시간 관리다. 도서 리뷰를 2년 반 동안 빠지지 않고 하는 나의 시간 관리에 대해서도 궁금해하는 사람이 많다. 특히 직장과 육아, 살림만으로도 벅찬 워킹맘의 시간 관리는 고난이도다. 내 일상도 그랬다. 아침 6시에 일어나 아이를 직장어린이집에 등원시키고, 오후 6시가 넘어 아이와 함께 퇴근한 뒤, 아이를 돌보다가 9시쯤 취침하는 일상에 나를 위한 시간은 없었다. 바쁘게는 지내는데 내 삶이 모래알처럼 계속 옆으로 빠져나가는 느낌이었다. 매일

마주치는 워킹맘 직장 동료들도 대부분 나처럼 일상을 보내는 듯했다.

그즈음 《1천 권 독서》를 읽은 건 신의 한 수였다. 아이 둘 있는 워킹맘인데 하루에 1권 독서가 가능한 삶이 있다니, 나도 한 번 시도하고 싶었다. 다른 사람과의 비교가 꼭 나쁜 행위만은 아니다. 좋은 비교는 삶에 자극이 된다. 제대로 시작 하는 법을 모르긴 했지만 추천받은 책으로 독서를 계속했다. 출근해서 30분, 점심시간 30분의 시간을 확보해서 책을 읽었 다. 유연근무제로 퇴근을 빨리 할 수 있어 가끔 아이를 데리 러 가는 시간을 늦추고 회사 앞 카페에서 1시간씩 독서를 했 다. 아이가 다니는 미술 학원에서 아이를 기다리는 2시간 동 안 필사하면서 독서를 했다. 집에서는 아이를 재우고 거실에 나와서 2시간씩 책을 읽었다. 독서를 하기 전에는 9~10시간 을 잤다. 많이 자는데도 항상 피곤했다. 양질의 수면을 하지 못했기 때문이다.

책을 읽으며 뇌의 에너지를 소모하자, 숙면을 취할 수 있었다. 수면 시간을 7~8시간까지 줄였는데도 피곤하지 않았 다. 지금까지 책을 읽고 지내지 않은 시간이 아깝다는 생각이 들어 더 많은 시간을 쪼갰다. 매일 잡았던 직장 동료들과의 점심 약속, 퇴근 후 자주 있었던 술자리도 가지 않았다. 예전에는 소외될 것 같은 불안에 내가 먼저 약속을 만들어내거나 가기 싫은 술자리도 참석했는데, 어느 순간부터 그런 것들이 전혀 중요하지 않게 되었다. 아이를 돌보는 시간 외에 쓸데없는 수다를 위한 전화 통화나 SNS를 차단했다. 미루고 싶은 마음이 들 때, 오히려 좋은 책을 읽으면 하루가 꽉 찬 느낌이 들었다. '하루 2시간, 나를 위한 시간'의 힘이 하루, 1주일, 1개월, 1년, 2년, 3년 쌓였다.

나를 위한 즐거움의 시간을 독서로 채울 무렵, 블로그에 도서 리뷰를 시작했다. 읽은 책을 리뷰하는 일은 어려웠다. 1권의 책을 읽는 행위보다 시간이 오래 걸리기도 했다. 3~4시간이 걸려 리뷰를 완성하면 녹초가 되었다. 독서는 매일 짬이 날 때 할 수 있는 일이지만, 글쓰기는 흐름이 끊기면 쓰기가 싫어지고 더 미루게 된다. 독서는 눈과 손을 이용해서 저자의 이야기를 읽는 일이라면, 도서 리뷰는 저자의 이야기를 내 삶에 적용하고, 내 이야기로 탄생을 시키는 행위다. 당연히 독서보다 힘이 더 들어갈 수밖에 없다.

평일에는 아이를 재운 후 밤에 글을 쓰고 새벽에 마무리했다. 도서 리뷰를 하는 날은 수면 시간이 더 줄었다. 피곤하기도 했지만 내 글이 완성되고 블로그라는 공간에 하나씩 쌓이는 경험은 소중하고 신났다. 1주일에 한두 개의 도서 리뷰를 계속하니 더 잘하고 싶었다. 마음에 드는 책만 도서 리뷰를 하겠다고 생각했는데, 경험이 쌓이면서 소개하고 싶은 책이 늘어났고, 점점 더 도서 리뷰하는 시간을 확보하고 싶었다. 주말에 온전히 나만의 시간이 필요했다. 지금이면 당당하게 내 시간이 필요하니 주말 하루는 나만의 시간을 갖겠다고 선언할 수 있겠지만, 독서를 시작할 무렵에는 남편과 사이가 좋지 않았다. 무엇보다 시작하는 단계여서 보여줄 수 있는 결과도 없었다. 독서를 시작한 후 집안일에 소홀해졌고, 남편이 있을 때는 아이를 본인에게 맡기고 책만 읽으니 남편의 불만도 하늘을 찔렀다. 그렇다고 몇 개월간 이어온 독서와 글쓰기를 포기할 수는 없었다. 주말 하루는 내 시간을 갖겠다고 선언하고 밖으로 나갔다. 토요일 아침 7시부터 밤 10시까지 나만의 시간을 확보했다. 확보된 시간에는 도서 리뷰와 온라인 강의를 한꺼번에 들었다. 주말 하루 나에게 주어진 시간이 소중하고 즐거웠다. 주말 하루는 가족과 함께 시간을 보냈다. 아이에게 한 번 더 웃어주고 사랑한다고 말해줄 힘이 생겼다. 그러면서 시간을 만든다는 의미가 무엇인지 알게 되었다.

시간 확보를 위한 나의 고군분투기를 접한 사람 중에는 본인은 불가능하다고 말하는 사람이 있다. 독서를 시작하기 전에 비슷한 스토리를 접했다면 나 또한 나와는 먼 이야기라고 생각했을 것이다. 시도하기 전에 두려워하고 물러섰을 것이다. 블로그 글쓰기 강의 수강생들도 한두 달까지는 독서와 리뷰를 병행하는 일이 힘들다며 그만두고 싶은 맘을 자주 표현한다. 그때는 독서를 시작한 후 힘들었던 내 경험을 들려주고 블로그 댓글이나 카톡 메시지로 잘하고 있다고 응원해준다. 끈을 놓지 않고 계속하는 수강생들은 세 번째 달부터 시간 관리하는 요령이 생긴다. 아이가 학원 가거나 도서관에서 책 읽는 시간에 틈틈이 독서를 하고, 책 사진을 찍고, 글감을 먼저 찾고, 블로그에 도서 리뷰할 사진을 미리 올려놓는다. 도저히 시간을 낼 수 없다고 힘들어하던 워킹맘들도 처음 시작할 때보다 독서의 양도 늘고, 리뷰의 질도 좋아진다. 비단 나의 이야기가 아니라, 시도하고 지속하는 사람들만이 얻을 수 있는 시간 관리 비법이다.

안정된 상태에서 변화하는 건 불가능하다. 시도와 행동이 변화를 끌어낸다. 변화하려고 하면 주변에서 예전의 나로 끌어당기려는 마찰력이 생기는 건 당연하다. 마찰력을 극복하

는 시점부터 변화가 조금씩 시작된다. 변화하고자 하는 독서
와 글쓰기를 시작했다면 남는 시간이 아닌, 나만의 시간을 조
금이라도 만들고 확보된 시간을 집중해서 활용해야 한다. 시
간은 만드는 자의 것이다.

꾸준한 맛

시작하지 마, 일단 계속해

•

    무엇이든 너무 힘을 주고 잘하고자 하면 망한다. 소개팅에 나갈 때 평소에 하지 않던 화장을 진하게 한다든가, 마음에 드는 상대에게 너무 잘 보이려고 의식적으로 노력하면 실패할 확률이 높다. 독서, 글쓰기, 블로그 운영도 마찬가지다. 독서에 너무 힘을 줘서 어려운 책을 고른다든가, 해보지도 않고 '하루에 1권은 꼭 읽어야겠어!'와 같은 무리한 목표를 세운다면 시작하기도 전에 겁을 먹고 달아날 확률이 높다.

    나 또한 그랬다. 연초에 세운 1년에 100권의 책을 읽겠다는 목표는 100권이라는 비장한 숫자만 남긴 채 1년에 10권도 읽지 못한 해가 거듭되었다. 글쓰기는 독서보다 더 어렵다. 무엇을 쓸지 고민해야 하고, 어떤 펜으로 글을 쓸지, 노트북에 써야 할지 종이에 써야 할지, 일기장에 몰래 적을지 공유할지, 어떤 소재로 글을 써야 할지 등 시작하기도 전에 치러야 할 의식이 많다. 그러다가 '내가 정말 할 수 있을까?'라는 의심도 들고, '지금 지켜야 할 일상이 더 소중하지 글쓰기는 무슨!'이라는 자기 합리화를 통해 나중으로 미루는 일이 허다하다. 나도 20년가량 소설을 쓰고 싶다고 생각만 해왔다. 그러다 몇 년 전에는 소설을 쓰겠다며 노트북을 샀다. 노트북만 사면 소설이 저절로 써질 줄 알았다. 어떤 이야기를 쓸지 막연하게 구상만 했다. 비장하게 노트북을 사고 5년 동안 소설은 한 줄도 쓰지 못했다.

블로그를 처음 시작했을 때도 '블로그 포스팅을 잘해서 꼭 월급 외 수익을 만들어야겠다!'라고 생각만 하고 계속 미뤘다. 그러던 어느 밤, 제휴마케팅 수업을 밤 11시까지 듣고 테스트를 위한 글을 정성과 시간을 과하게 들여서 자정이 훨씬 넘어 마무리했다. 그랬더니 다음 날 40도가 넘는 고열에 시달리며 코로나19로 의심받고 출근하자마자 퇴근했다. 그날의 링거 투혼 후 돈을 벌기 위한 비장한 블로그 포스팅을 계속 미

뒀고, 결국에는 접었다. 거창하게 시작하려다가 한 번 시도하고 바로 포기했다.

독서, 글쓰기, 블로그 모두 시작하기가 어렵다. 그러면 어떻게 해야 할까?

프랑스 철학자 올리비에 푸리올은 《노력과 기쁨과 슬픔》에서 목표를 이루려면 다른 생각은 하면 안 된다고 한다. 왜냐하면 다른 생각을 하는 순간, 내가 더 잘할 수 있을지, 계속할 수 있을지에 의심을 하기 때문이다. 의심하기 시작하면 처음에 마음먹었던 일을 하지 못하게 될 가능성이 높다. 즉 본격적으로 시작하기 전에 일단 먼저 계속 해야 한다는 이야기다. 처음에는 '계속하다가 시작해야 한다는 말이 무슨 말장난이야?'라고 생각했다. 그런데 생각할수록 나의 도서 블로그 운영이 계속하고, 시작하는 순서와 닮아 있었다. 독서도 1주일에 5권을 읽어야 한다는 목표를 세웠지만 부담스럽게 생각하지 않았다. 힘을 뺐다. 하루에 1권을 읽는 것이 아닌, 주말에 몰아 읽을 수도 있고, 1주일에 5권의 독서를 채우지 못했다면 다음 주에 읽으면 된다고 생각했다. 계속하는 것이 중요했지 '독서를 진심으로 해야겠어!'라고 생각하고 시작한 건 독서를 계속하고 한참 후였다.

블로그 글쓰기도 마찬가지였다. 사진의 품질이나 남에게 보이기 위한 미사여구를 사용한 글이 아니라, 글 근육을 단련하기 위해 계속했다. 아이와의 일상을 자연스럽게 쓰며 블로그에 남겼다. 거창한 도서 리뷰가 아니라 기억하고 싶었던 책 일부분을 블로그에 남기기를 계속했다. 그랬더니 기록이 쌓이면서 본격적으로 도서 리뷰를 시작할 수 있었다. 책 사진을 찍다가 그림자가 나와도 상관하지 않고 대충 찍었던 사진도 정성 들여 찍기 시작했고, 저자가 쓴 글의 인상 깊은 대목에 내 의견을 달기 시작했다. 그러다 책을 읽기 전후의 소감을 블로그에 진솔하게 써내려가기 시작했다. 독서와 블로그 글쓰기로 인한 인생의 변화는 도서 리뷰를 본격적으로 남기기 시작한 순간부터 일어났다. 블로그 글쓰기 수강생 중에 발췌독만 열심히 하는 분이 계셨다. 그런데 수업을 듣고 책을 완독하며 도서 리뷰를 열심히 하자, 삶이 변화하고 있다며 멈추지 않고 매일 책을 읽고 리뷰를 한다.

무엇이든 처음부터 잘하는 사람은 없다. 앞선 성공한 사람들은 블로그, 인스타그램, 유튜브 같은 SNS를 시작해서 자기 전문성을 쌓으라고 말한다. 일단 시작하고 계속하다 보면 큰 변화가 일어난다고 하면서. 하지만 알다시피 시작하기가 가장 힘들다. 가장 힘든 일은 변화가 필요하다고 외치는 사람들을 시작하게 만드는 일이다. 그러니 시작하기 전에 계속해보는 것은 어떨까? 이 책을 읽는 우리는 독서를 이미 하고 있다. 도서 리뷰를 블로그에 남기고 싶다는 명확한 목표가 있으니 망설일 필요도, 시간도 없다. 본인의 글쓰기와 블로그 포스팅이 흑역사로 남더라도 일단 계속해보자. 계속하다 보면 본격적으로 시작하는 날이 온다.

돈 버는 맛

내가 좋아하는 일로 돈을 버는 기쁨을 느껴봐

•

　　좋아하는 일로 돈을 벌 수 있다는 건 꿈같은 이야기다. 학창 시절부터 좋아하는 일보다는 잘하는 일을 선택해야 한다고 수없이 들어왔다. 그 공식은 예전의 나에게는 크게 의미가 없었다. 좋아하는 일에 상관없이 회사에서는 일을 잘해서 좋아했고, 좋아해서 잘하는 열정적인 순간도 있었다. 괴로운 순간도 있었고, 재미없는 순간도 있었지만, 가끔은 회사 일이 천직이라는 생각이 들 때도 있었다.

　　업무 숙련도는 높아지는데, 퇴직 후에도 계속할 수 있는 '업'을 찾아야 한다고 생각되는 순간부터 나의 걱정은 시작되었다. 회사 업무 외 잘하는 일이 없다고 느껴지니 일이 재미 없었고, 회사에서 나를 떼어내면 아무것도 아니었다. '대기업 부장'이라는 타이틀은 회사를 그만두는 순간 사라진다는 생각에 타이틀을 떼어낸 후의 나를 고민하게 되었다. 연봉은 시간이 지날수록 높아지는데, 조금도 기쁘지 않았다. 공들이는 시간만큼 내가 성장하고 싶었다.

경제적 자유를 달성하겠다고 시작한 독서라서 여러 방면으로 수익화를 고민했다. 온라인 수익 방법에 대한 책을 읽고, 관련된 유튜브를 시청하기 시작했다. 방법을 고민하면서 블로그에 글을 쓰는 일은 계속했다.

내가 좋아하는 독서를 하고 블로그에 글을 썼는데 월급 외에 2만 6천 원이라는 첫 수익이 발생했다. 신기했다. 돈의 액수는 중요하지 않았다. 월급에 비하면 아주 작은 수익이지만 회사를 떼어내고 나를 위해 쓴 시간에서 얻은 수익이라 소중했다. 알고 실천하는 만큼 내가 성장한다는 사실을 깨달은 건 큰 소득이었다. 재미는 커다란 덤이었다. 온라인 수익화를 시도해보지 않은 사람에게 애드포스트로 초반에 약 3만 원가량의 수익을 만들 수 있다고 하면, 그렇게 적냐며 놀란다. 하지만 그렇게 말한 사람들은 만 원의 수익을 창출하는 방법도 모르고, 시도조차 하지 않는 사람인 경우가 많다. 온라인상에서 만 원이라도 혼자 힘으로 벌면 다음 스텝을 생각하게 된다.

지속해서 도서 리뷰를 했더니 내 글이 자주 상위 노출 되었고, 이후에 원고 의뢰도 들어왔다. 서평 도서, 도서와 관련 된 전자책이나 오디오북 홍보 글, 독서왕 대회를 소개하는 포 스팅, 교육 프로그램을 본 후 후기를 남기는 것 등이었다. 독서 와 전혀 상관없는 분야가 아니라, 좋아하는 독서를 하면서도 수익이 생길 수 있다는 점에서 즐겁게 원고를 썼다. 이에 응당 한 원고료도 받았다. IT, 재테크, 육아, 뷰티 등 전문 수익형 블 로그에는 훨씬 못 미치지만, 내가 좋아하는 독서와 글쓰기라 는 행위로 소소한 수익을 내는 재미를 맛보았다.

작지만 좋아하는 일로 돈을 버는 기쁨을 느끼려면 무엇 부터 시작하면 좋을까? 독서와 블로그, 글쓰기로 어떤 수익을 창출할 수 있을까? 독서를 통해 경험할 수 있는 수익화의 조 건은 많다. 다양한 플랫폼을 활용한다면 더 많은 수익 활동을 할 수 있다. 지금부터 내 경험이 담긴 블로그 광고, 원고료, 전 자책 발행, 도서 협찬, 온라인 강의, 네이버 엑스퍼트, 지역 기 자단, 유료 북클럽 운영 등의 방법을 공유한다.

• 블로그 광고

블로그 광고로 수익을 창출하는 방법으로 네이버 애드포스트와 구글 애드센스가 있다. 네이버는 특정한 조건이 되면 블로그에 광고를 달아준다. 방문한 사람이 블로그 글 중간과 끝에 달린 광고를 클릭하면 클릭당 광고단가로 블로그 수익이 발생한다. 클릭당 단가가 높은 광고가 붙어야 하고, 광고를 방문자가 클릭해야 하는데, 도서 블로그는 관련 광고가 붙을 가능성이 거의 없기에 수익이 미미하다. 네이버 인플루언서가 되면 블로그 글의 맨 위에 프리미엄 광고가 붙어서 일반 블로그보다 조금 더 많은 수익을 발생시킬 수 있다.

구글 애드센스는 티스토리 블로그에 구글에서 송출하는 광고를 붙여준다. 방문자수나 개설 기간과 상관없이 30일 정도 통일성 있는 글을 쓴 후 신청하면 된다. 쉽게 느껴지지만 애드 고시라고 할 정도로 많은 사람이 탈락한다.

내가 쓴 글에 맞는 광고가 붙을 수 있게 티스토리 블로그와 구글 애드센스 사이트에서 설정을 변경할 수도 있어서 유연하다. 예를 들면, 주식에 관한 글을 쓰면 증권회사의 광고가 붙고, 정부지원금에 관한 글을 쓰면 지원금 사이트가 광고로 붙는다. 즉 고단가 키워드를 사용하면 글과 연관성 있는 클릭당 단가가 높은 광고가 붙어서 방문자의 클릭을 유도할 수 있다. 진입장벽은 조금 높지만, 수익은 더 높게 가져갈 수 있다. 구글 애드센스 강의를 듣는 사람들이 모인 카톡방에서 하루에 천만 원가량의 수익을 인증한 사람도 보았다.

• 원고료

잘 키워놓은 블로그를 특정 가격에 팔라고 하거나, 블로그 게시판 하나를 통째로 대여하라고 하거나, 원고와 사진을 제공할 테니 올려주기만 하면 원고료를 준다는 식의 이메일을 마케팅 업체로부터 많이 받는다. 이런 이메일은 스팸으로 처리하면 된다. 블로그를 대여하거나, 그들이 제공하는 원고와 사진을 받아서 글을 올리는 경우 바로 정성스럽게 키워놓은 블로그가 저품질의 나락으로 빠진다. 저품질이 되면 검색해도 노출이 되지 않고, 아무도 찾아오지 않는 블로그가 되니 유의해야 한다.

대신 원고를 직접 쓰고, 사진을 찍어서 글을 블로그에 포스팅한 대가로 원고료를 받을 수 있다. 도서 블로그가 시도할 수 있는 원고 포스팅은 밀리의 서재, 윌라 오디오북, YES24 북클럽, 카카오페이지 홍보, 전자책 기계 홍보, 독서공모전 홍보, 서평 등이 있다. 나도 처음부터 원고 의뢰를 받았던 건 아니고, 내가 쓴 블로그 글의 양이 많아지고 상위 노출이 되면서 마케팅 업체로부터 원고 의뢰를 제안받았다. 원고료 측정은 일 방문자수에 따라서 달라진다. 인플루언서가 된 후 원고료는 블로그 포스팅 한 편당 10만 원(세금 포함)가량으로 측정된다. 블로그뿐 아니라 브런치에서도 원고 의뢰를 받은 적이 있다.

블로그 수강생 중에는 도서 블로그를 개설한 지 3개월쯤에 동화책 작가로부터 서평 의뢰와 소정의 원고료도 받았다. 이렇듯 특별히 글을 잘 쓰거나, 인플루언서만이 원고 의뢰를 받는 건 아니다. 독서와 블로그, 브런치 같은 플랫폼에 꾸준히 양질의 기록을 남기면 원고 의뢰의 기회는 찾아온다.

• 네이버 엑스퍼트

도서 인플루언서가 된 후 도서 블로그 강의를 네이버 엑스퍼트에 등록했다. 네이버 엑스퍼트는 자격증을 가진 사람이나 인플루언서에게 강의와 상담의 기회를 제공한다. 특정 분야의 노하우를 알고 싶은 사람은 네이버 엑스퍼트에서 강의를 신청하기도 한다. 나는 국문학과나 문예창작과를 나온 것도 아니고, 책을 출간한 작가도 아니었지만, 도서 인플루언서라는 타이틀로 글쓰기, 첨삭 강의를 등록할 수 있었다. 그래서 다양한 도서 블로그를 운영하는 사람을 만나고 경험할 수 있었다. 네이버 엑스퍼트 강의를 듣고 '빡센 블로그 글쓰기' 본 강의를 등록하는 사람도 다수였다.

• 도서 블로그 온라인 줌 강의

독서 초반에 《백만장자 메신저》라는 책을 읽고, 나는 어떤 분야에서 경험과 지식을 메시지로 만들어 다른 사람에게 전달하는 메신저가 될 수 있을까 고민했다. 독서와 글쓰기, 해외지사 직원들을 교육한 경험을 살려 독서 시작 1년 반 만에 도서 블로그 강의 '빡센 블로그 글쓰기'를 기획하고 시작할 수 있었다.

'빡센 블로그 글쓰기'는 독서와 글쓰기를 하고 싶은 사람을 위해 특성화된 강의다. 블로그 강의를 하는 사람은 많이 있어도 도서 블로그 강의를 하는 사람은 거의 보지 못했다. 처음부터 틈새시장을 노려서 도서 블로그 강의를 시작한 건 아니었고, 제일 열심히 해온 데다가 내 경험을 바탕으로 다른 사람에게 잘 알려줄 수 있다는 생각에 강의를 선택했다.

독서와 글쓰기를 꾸준히 하면 본인이 좋아하고 잘할 수 있는 분야가 떠오른다. 그럴 때 메신저가 되고자 하는 마음으로 강의를 기획하고 실행해야 한다. 본인이 잘하는 분야의 온라인 강의를 자신이 이용하는 플랫폼에 공지하여 시작하고, 횟수를 늘려가면 본인만의 노하우가 생긴다. 미리캔버스나 캔바 같은 디자인 툴을 강의할 수도 있고, 독서 발췌독을 하는 방법이나 휴대전화 사진 잘 찍는 법, 아이패드로 그림 그리는 법 등 다양한 온라인 강의를 시작할 수 있다. 꼭 전문가가 되어서 가르치라는 법은 없다. 훨씬 앞선 전문가는 왕초보자의 어려움을 알지 못할 수도 있다. 처음 배우는 사람은 모르는 걸 들키는 수치심을 가장 두려워한다고 한다. 알지 못하는 게 당연한데도 본인이 모르는 걸 들키기 싫어한다. 그러므로 무엇보다 초보자의 수치심을 헤아려 강의하는 일이 중요하다.

도서 블로그 강의는 나에게 독서와 연관된 가장 큰 수익 파이프라인 중 하나다. 좋아하는 독서를 하며 글쓰기를 지속했더니 경험으로 터득한 노하우를 많은 사람과 공유할 수 있었다. 온라인 줌 강의는 시작이 망설여질 것이다. 분명 본인이 남들보다 잘 아는 분야가 있을 텐데, 가르칠 게 없다고 생각하고 엄두도 내지 않는다. 하지만 내가 가지고 있는 재능을 주변 사람에게 알려주는 연습을 하고, 기회가 있을 때 작게라도 시작하면 강연 노하우가 생긴다. 처음에는 재능기부 혹은 무료 강연의 형태로 시작하는 걸 추천하고, 가르치는 것이 번아웃이 되지 않게 시간과 에너지 분배를 잘 해야 한다.

• 지역 기자단

SNS에는 다양한 기회가 있다. 한국관광공사 제주지사에서 SNS 홍보단, 기자단을 모집한다고 했을 때 망설임 없이 신청했다. 제주에서 관광하며 사진을 찍고 특별한 형식에 구애받지 않는 선에서 SNS에 제주 관광지 홍보 글을 작성하는 것이었다. 한 달에 두 편의 글을 쓰면 원고료가 지급되었다. 놀이가 돈으로 연결되는 일이었다. 학창 시절 꿈이 기자였는데, 소박하게 꿈도 실현할 수 있었다.

올해는 제주시 SNS 시민 기자단에 위촉되어 활동 중이다. 제주의 관광, 축제 등을 취재하여 블로그에 올리고, 팀별 활동으로 다양한 기관을 방문한 뒤 기사를 쓰면 원고료를 받는다. 원고료는 소액이지만, 이런 작은 활동이 성공의 기회로 계속 연결된다.

• 커뮤니티 운영

MKYU의 김미경 학장님은 미래 10년을 먹고사는 준비 중 가장 중요한 것으로 커뮤니티 크리에이터가 되는 것이라고 한다. 보통 커뮤니티를 기반으로 수익을 창출할 수 있는 경제 생태계를 만드는 사람을 커뮤니티 크리에이터라고 칭한다. 웹 2.0에는 대기업이 만들어놓은 블로그, 유튜브 같은 SNS에서 본인의 컨텐츠를 생산하고 공유만 했다면, 웹 3.0은 본인이 만든 커뮤니티 안에서 나의 지식과 콘텐츠를 기반으로 경제활동을 하게 된다.

나의 블로그 이웃과 인플루언서, 인스타그램 팬을 합치면 만 명이 넘지만, 그 이상의 의미는 없다. 2022년 나의 꿈 지도 안에는 '꿈꾸는 유목민 부족 100명 만들기'라는 목표가 있었다. 블로그 글쓰기 수강생을 강의가 끝나도 커뮤니티 안으로 초대해서 추가되는 블로그 운영 정보, 협찬 도서 신청, 외부 초청 강연 추진 등 다양한 혜택을 주고, 수강생 각자의 재능을 콘텐츠로 만들어 미니 강연의 기회도 제공하는 것이다. 블로그 글쓰기 강의를 수강한 수강생들은 독서를 좋아하는 건 당연하고 다양한 재능과 능력이 있다. 블로그 글쓰기 커뮤니티에서는 수강생들의 재능을 유료 미니 강연으로 나누는 기회를 제공한다. 커뮤니티가 연결한 수익 활동이라고 할 수 있다.

최종 목표는 커뮤니티 안에서 독서에 관심 있는 사람과 관련된 수익 활동을 함께 나누는 것이다. 독서로 연결될 수 있는 커뮤니티는 다양하다. 얼마 전에는 《니체의 말》 필사 모임을 할 사람을 블로그에서 모집했다. 작게 시작했지만, 지속하면 분명 다른 필사 모임과 차별화할 수 있는 나만의 콘텐츠가 생길 것으로 확신한다. 필사 모임 이외에도 독서 모임 또한 커뮤니티 기반으로 만들 수 있다. 독서 모임을 직접 운영하고 싶은 생각으로 북클럽 강의를 듣고, 책을 통해 아이디어를 모으고, 독서 모임을 기획했다. 독서와 글쓰기를 위한 커뮤니티에 모인 사람은 나만의 책을 기획하고, 만들고, 출간하고 싶은 욕구가 있다. 이렇게 독서로 연결된, 내가 중심이 된 커뮤니티를 만들고 지식의 기초 자산을 쌓아 수익을 창출하는 게 최종 목표가 되어야 한다.

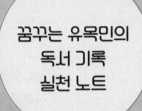

꿈꾸는 유목민의
독서 기록
실천 노트

꿈유의 성장을 도운 노트를 공유한다.
이곳에 독서가로서 나의 처음을 기록해보자.

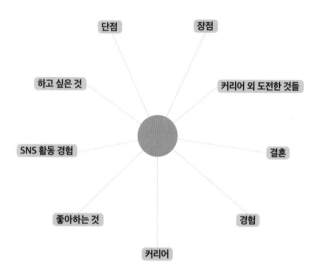

마인드맵 (본문 83쪽 참고)

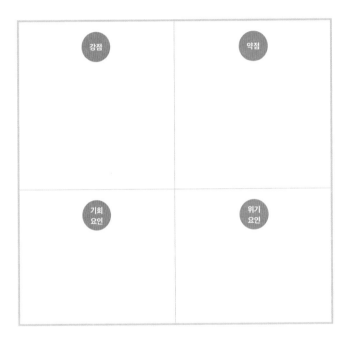

SWOT (본문 84쪽 참고)

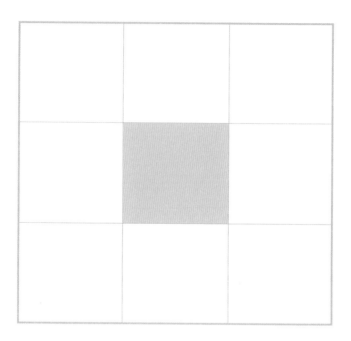

핵심 목표 세우고 세부 목표 적기 (본문 97쪽 참고)

현재	미래(3년 후 계획)		

3년 후 계획 작성하고 로드맵 그리기 (본문 98쪽 참고)

No	카테고리	체크리스트	비상식적 성공법칙
1	사진 찍기	렌즈 닦기	O
2	사진 찍기	노출 가장 밝게 만들기	O
3	사진 찍기	주변 깨끗이 한 후 사진 찍기	O
4	블로그 세팅	글자 크기 15~16 포인트	O
5	블로그 세팅	글자 간격 200~230	O
6	블로그 세팅	글자체 (손글씨체 제외)	O
7	키워드	책 제목은 첫 번째 키워드	O
8	키워드	제목 작성 전 상위 노출 블로그 키워드 벤치마킹 여부	O
9	키워드	두 번째, 세 번째 키워드 지정	자기계발서 추천
10	키워드	두 번째 키워드 등급 (블랙키위)	B
11	키워드	특수문자 사용 여부 (사용 지양)	O
12	본문 작성	도서 리뷰를 쓰기 전 무엇을 적을지 연상 (질문지 활용)	O
13	본문 작성	사진 7장 이상 넣었는지 확인	7장
14	본문 작성	제목 키워드 본문에 7번 이상 자연스럽게 반복했는지 확인 (ctrl+F)	8번
15	본문 작성	글자수 2,500 자 (네이버 글자수 세기에서 확인)	2,500
16	본문 작성	단락은 4~5 문장으로 나누기 (가독성)	O
17	본문 작성	휴대폰 버전, PC 버전으로 본인 글 정렬 확인	O
18	본문 작성	블로그 삽입 사진에 키워드 입력 여부 확인	O
19	본문 작성	동영상 혹은 gif 삽입	O
20	본문 작성	복사, 붙여넣기 금지	O
21	본문 작성	본인이 찍은 사진이 아닐 경우 꼭 출처 밝히기	O
22	본문 작성	알람 25분 설정 후 퇴고 없이 작성 시도	30분
23	맞춤법 검사	맞춤법 검사	O
24	책링크	네이버 책 링크 마지막에 넣었는지 확인	O
25	링크	네이버 링크 제외한 타사 링크 금지	O
26	네이버 플레이스	장소 포스팅이면 네이버 플레이스 꼭 활용	O
27	예약 발행	예약 발행 시간 (오전 6시 30분~7시 20분) 설정 확인	7시 10분
28	태그	태그는 마지막에 넣었는지 확인	O
29	작성 후	24시간 후 순위 확인 (selfmoa or whereispost)	10위/3위
30	작성 후	유입 키워드 작성	자청 추천책
31	작성 후	조회수 확인 (1주일 후)	942
32	작성 후	읽은 책 독서 앱 입력	북플립

효자 포스팅 체크리스트 (꿈유가 작성한 체크리스트)

독서와 기록으로
지금, 여기서 내가 행복한 이유

2022년 2월 제주에 오기 전, 존경하는 최창모 교수님이 작고하셨다는 소식을 들었다. 얼마 전까지 페이스북에 피드를 올리면 '좋아요'를 눌러주시던 교수님이셨다. 혈액암이 재발했으나, 연명치료를 하지 않고 마지막까지 학생들의 리포트를 살펴보다가 돌아가셨다고 했다. 혈액암 투병을 하시는지도 몰랐기에 지금도 마음이 울컥하며 눈물이 맺힌다.

교수님의 장례식에 다녀와서 이어령 작가의 《마지막 수업》과 김범석 작가의 《어떤 죽음이 삶에게 말했다》를 읽었다. 두 책의 메시지는 '메멘토 모리', 즉 '죽음을 기억하라'는 것이었다.

죽음을 기억하고 하루하루 살면 삶을 생각하게 된다는 그 말이 계속해서 생각났다. '나에게 딱 하루만 주어진다면, 나에게 한 달만 주어진다면, 1년만 주어진다면…'과 같은 마음으로 살아야겠다고 생각했다. 죽음을 생각하는 것은 삶을 생각하는 것. 오늘 하루도 헛되이 보내지 않고 지금, 여기에서 행복한 마음으로 아름다운 풍경을 보며, 사랑하는 사람에게 사랑한다 말하면서 하루를 보내겠다고 생각하며 제주에 왔다.

제주에는 독서하고, 글을 쓰고, 책을 출간하는 이웃들이 가까이 있다. 일부러 그런 주변인을 찾아서 제주에 온 게 아니었는데, 독서와 기록으로 내 삶이 변화되자 끌어당김의 법칙이 작용했다. 지금 이 순간을 즐기는 이웃 덕분에 삶이 풍요로워졌다. 방해자에서 서서히 조력자가 되던 남편은 이제 완벽한 조력자가 되었다. 곧 육아휴직을 내고 제주에 내려와 가족 추억의 역사를 쌓아갈 예정이다.

책을 읽은 지 3개월쯤 흘렀을 때, 친한 직장 동료들은 나의 변화를 감지했다. 직장 동료들에게 미래를 대비하기 위해 공부를 해야 한다고 조언했다. 요리를 좋아하는 동료에게는 본인이 요리한 음식 사진과 레시피를 블로그에 올려보라고 했고,

주식 종목을 추천해달라는 동료에게는 경제 관련 책을 읽고 건전한 투자를 하라고 이야기했으며, 무엇을 할지 모르겠다는 동료에게는 일단 책을 읽고 매일 글을 써보라고 조언했다. 내가 도와줄 수 있으니 무엇이든 해보라고 했다. 안타깝게도 이야기를 들을 때는 흥미로워하지만 막상 시간을 따로 내지는 않았다. 안전하다고 여겨지는 대기업 직장인이기 때문이었을까.

제주에 와서 성장을 위한 시간을 많이 가지면서 만나는 부류가 달라졌다. 그들은 성장을 위해 기꺼이 시간을 쓰는 사람들이었다. 자신이 들인 시간만큼 엄청나게 성장한 분도 있었고, 지금 막 시작하려는 사람도 있었다. 지금 막 자신을 위해 시간을 쓰기 시작한 사람에게는 오지랖을 부려 코칭을 했다. 절실했던 사람은 내 말을 듣고 바로 실행했다. 매일 책을 읽고 블로그에 글을 쓰라고 조언하면 그렇게 했고, 인스타그램을 만들어 본인이 하는 활동을 피드에 올리라고 하면 바로 실행했다. 본인만의 독서 모임을 만들어보라고 하면 움직였고, 브런치 작가에게 도전하라고 했는데, 어느새 작가가 되었다. 옆에서 잠깐 코칭만 했을 뿐인데 진짜 실행하는 사람들을 보며 직장 동료들이 생각났다. 성장하는 사람이 되는 건 본인이 선택한다. 지금 나는 자신의 성장에 책임을 지는 새로운 인연들과 만난다.

독서와 기록으로 변화된 나의 삶에서 가장 감사한 건 독서를 하고 글을 쓰고 싶은 사람들의 성장에 기여할 수 있다는 점이다. 독서와 기록을 하는 사람들은 에너지 자체가 남다르다. 나 또한 그들로부터 에너지를 받는다. 독서의 기록으로 시작된 인생의 선순환이 복리로 작용할 1년, 5년 후가 더 기다려진다.

독서와 기록으로 지금, 여기에서 내가 행복한 이유다.

제목	저자	출판사
피로사회	한병철	문학과지성사
돈의 감각	이명로	비즈니스북스
오티움	문요한	위즈덤하우스
홀로서기 심리학	라라 E. 필딩	메이븐
내가 누군지도 모른 채 마흔이 되었다	제임스 홀리스	더퀘스트
마녀체력	이영미	남해의봄날
매일 아침 써봤니?	김민식	위즈덤하우스
1천 권 독서법	전안나	다산4.0
익숙한 것과의 결별	구본형	을유문화사
인생의 차이를 만드는 독서법, 본깨적	박상배	위즈덤하우스
페어 플레이 프로젝트	이브 로드스키	메이븐
엄마의 20년	오소희	수오서재
쓰기의 말들	은유	유유
제주에 왔고, 제주에 살아요	이윤경, 이윤영, 이나즈	지식과감성
부의 속도	돈파파	시크릿하우스
니체의 말	프리드리히 니체	삼호미디어
아티스트웨이	줄리아 카메론	경당
부의 해답	존 아사라프, 머레이 스미스	알에이치코리아
닥치는 대로 끌리는 대로 오직 재미있게 이동진 독서법	이동진	위즈덤하우스
비상식적 성공 법칙	간다 마사노리	생각지도
생각하라 그리고 부자가 되어라	나폴레온 힐, 빌 하틀리	반니
미움받을 용기	기시미 이치로, 고가 후미타케	인플루엔셜

제목	저자	출판사
내면소통	김주환	인플루엔셜
밥 프록터 부의 확신	밥 프록터	비즈니스북스
법정의 고수	신주영	솔
이토록 멋진 휴식	존 피지, 맥스 프렌젤	현대지성
뼛속까지 내려가서 써라	나탈리 골드버그	한문화
마케터의 문장	가나가와 아키노리	인플루엔셜
처음부터 잘 쓰는 사람은 없습니다	이다혜	위즈덤하우스
아주 특별한 성공의 법칙	존 리 듀마스	도서담
어치브 모어	김성미	퍼블리온
지혜의 심리학	김경일	진성북스
아주 작은 반복의 힘	로버트 마우어	스몰빅라이프
회계 천재가 된 홍대리 1	손봉석	다산북스
노력의 기쁨과 슬픔	올리비에 푸리올	다른
열두 살에 부자가 된 키라	보도 섀퍼	올파소
실패를 사랑하는 직업	요조	마음산책
와튼스쿨은 딱 두 가지만 묻는다	G. 리처드 셸	마인드빌딩
아날로그의 반격	데이비드 색스	어크로스
더 해빙	이서윤, 홍주연	수오서재
N잡하는 허대리의 월급 독립 스쿨	N잡하는 허대리	토네이도
아버지의 해방일지	정지아	창비
어린이를 위한 초등 매일 글쓰기의 힘	이은경	상상아카데미
백만장자 메신저	브렌든 버처드	리더스북

독서의 기록
내 인생을 바꾸는 작은 기적

1판 1쇄 발행 2023년 6월 15일
1판 2쇄 발행 2023년 7월 10일

지은이 안예진
펴낸이 박선영

편집 경영선
마케팅 김서연
디자인 씨오디
발행처 퍼블리온
출판등록 2020년 2월 26일 제2022-000096호
주소 서울시 금천구 가산디지털2로 101 한라원앤원타워 B동 1610호
전화 02-3144-1191
팩스 02-2101-2504
전자우편 info@publion.co.kr

ISBN 979-11-91587-42-5 03320